an omnipresence in wired
yoshitoshi ABe

an omnipresence in wired

contents

I am omnipresent/here/there/somewhere
私は遍在する/ここに/そこに/どこかに

はじめに

描き下ろしの漫画の形が見え、AXで連載していたレイヤーの描き下ろしを数枚残した状態で、この文章を書いている。

未だに玲音という存在、『serial experiments』というこの作品を、客観的な眼で見ることができない。

たぶん、この企画と最初に出会ってから2年間、ずっと何らかの形で玲音という存在について考え続け、僕にとって、それが半ば習慣のようなものになってしまっているからだと思う。

そのわりには、玲音という存在について、いま改めて言葉によって語るべき事はほとんど見当たらない。というより、はじめからなかったのではないかと思う。

キャラクターデザインという作業に関して、こと玲音については、『つくる』というより『思い出す』という言葉の方が近かったように思う。自分の記憶の中に遍在していた、『玲音という存在を想起させる何か』を、"描く"という行為によって掘り起こし、泥を払い、ひとつひとつ組み上げることで、僕は玲音という存在に近づいていき、玲音は僕がその存在について考える以前から、ただそこに在り続けていた。そんな感じだった。

創作に正解はないけれど、玲音を描くときはいつも、どこかに正解があり、力があればそこに到達できるのだという奇妙な確信があった。つまり僕にとって玲音というのは、そういう存在だった。

この画集のための描き下ろしが終われば、しばらくは玲音を描く機会もないと思う。

僕にとっては、長期に渡って継続して描き続けた初めてのキャラクターだが、描き終えることになってさびしい、というよりは、無事に描き終えることができた時、僕はやっと玲音という存在を実感できるのだと思っている。

Introduction

I am writing this passage while picturing my latest cartoons, and with several pages of a series for AX magazine yet to be completed.

I still cannot look at the phenomenon of "lain" or the work called "serial experiments" with objective eyes. This, I suppose, is because I have been thinking about the existence of "lain" since the first time I encountered this plan two years ago, and this has become a habit for me.

However, I cannot seem to find the words to talk about her existence. Or rather, I should say that from the start there was nothing to say.

In regard to the design of this character, I must say that the term "recalling" is more appropriate than "creating." The action of drawing "things that recall the existence of lain" which was omnipresent in my own memories, made me dig, wipe the dirt, and reconstruct those things step by step to come closer to the existence of "lain." It was as if "lain" were always there, even before I started to think of her existence.

There are no right answers in creation. But every time I drew "lain" there always seemed to be a right answer somewhere, and I had this strange conviction that I could achieve it if I had the creative power. To put it simply, lain was such a phenomenon for me.

Once I have completed this work for the collection, I will not have an opportunity to draw "lain" again for some time. Although this was the first character I ever drew over a long period of time, once I have completed this work, rather than feel lonely, I will have a real sense of "lain" s existence.

この本があなたにとっての玲音が遍在しうる領域を広げてくれることを願います。
I hope this book helps you expand the world in which "lain" can be omnipresent....

1999.03.22 安倍 吉俊
22th/March/1999 yoshitoshi ABe

Open the nExt.
IT'S FOR lain.
NEXT AX presents "something of lain"
We'll give you something of "lain ".
(You could feel something ,you couldn't feel anything.)
"lain"is a main title of a PIONEER LDC's new project named "serial experiments",and it's name of a girl who you see now.
you may not know,you may not understand,and you'll forget it.
Next AX may show you unformated style pages.
In summer you can join in "lain" on TV and PS.

Close the world
Are you ready for starting "lain"?

periments
i
n
layer:01 weird
“Weird Tale”——
これから語る事は虚構の枠組みをとって
いるにも関わらずそこに遍在する事象は
現実の何かを象徴せるものでありかつ
ここに言語として刻まれその言葉が敷衍
していったその時には現実へと転化して
いるであろう事を予言しておく。
Weird Tale
This story is fictional, but the phenomena that occur in it symbolize aspects of reality which are recorded here. I predict that when the words are amplified, the phenomena will come true.
Wired Tale——
Each phenomenon insists on its own existence, and each existence individually seeks its own place. But for the sake of mutual understanding, I must stress that that is just one of the arbitrary concepts which are connected in a logical yet disorderly way, like the synapses of the brain.
text by chiaki j. konaka
graphic by yoshitoshi abe
translation by akiko matsumoto

"Wired Tale"——

事象の一つ一つはそれぞれが自己の実在を主張しその存在そのものは何に依るものでもなく個別のものとしてそれぞれの居るべき場所を欲している。
しかしそれもまた恣意的な概念の一つに過ぎずそれぞれは脳内のシナプス同様ロジカルにかつ無秩序に結ばれている事をここで相互の理解の為に確認しておく必要がある。

玲音はレイン。レインはlain。
それぞれは異なりそれぞれが同一。
接続する事で初めて人は種としての意識を持つ。
接続する事は人を単なる末尾にあるもの"端末"などではなく中継するものとして連続性を勝ち得る。
繋げられるという事は続けられるという事に他ならないのである。
それは単に座標軸上の連続性ばかりではなく経時的な連続性もまた同様なのであり、即ちこの接続が意識的に引き起こされた時、死者達が彼らが居るべき場所より蘇りこの接続の起点となる時間座標にその姿を見せていくに違いない。
接続の起点とは、単に肉体を有している時間だという事がその時に諒解される筈であり、肉体の持つ意味自体までも揺らぎ始める。
恐れてはならない、この語りを。
恐れねばならない、玲音を。

接続されている事を認識せよ。
おのれを連続させよ。

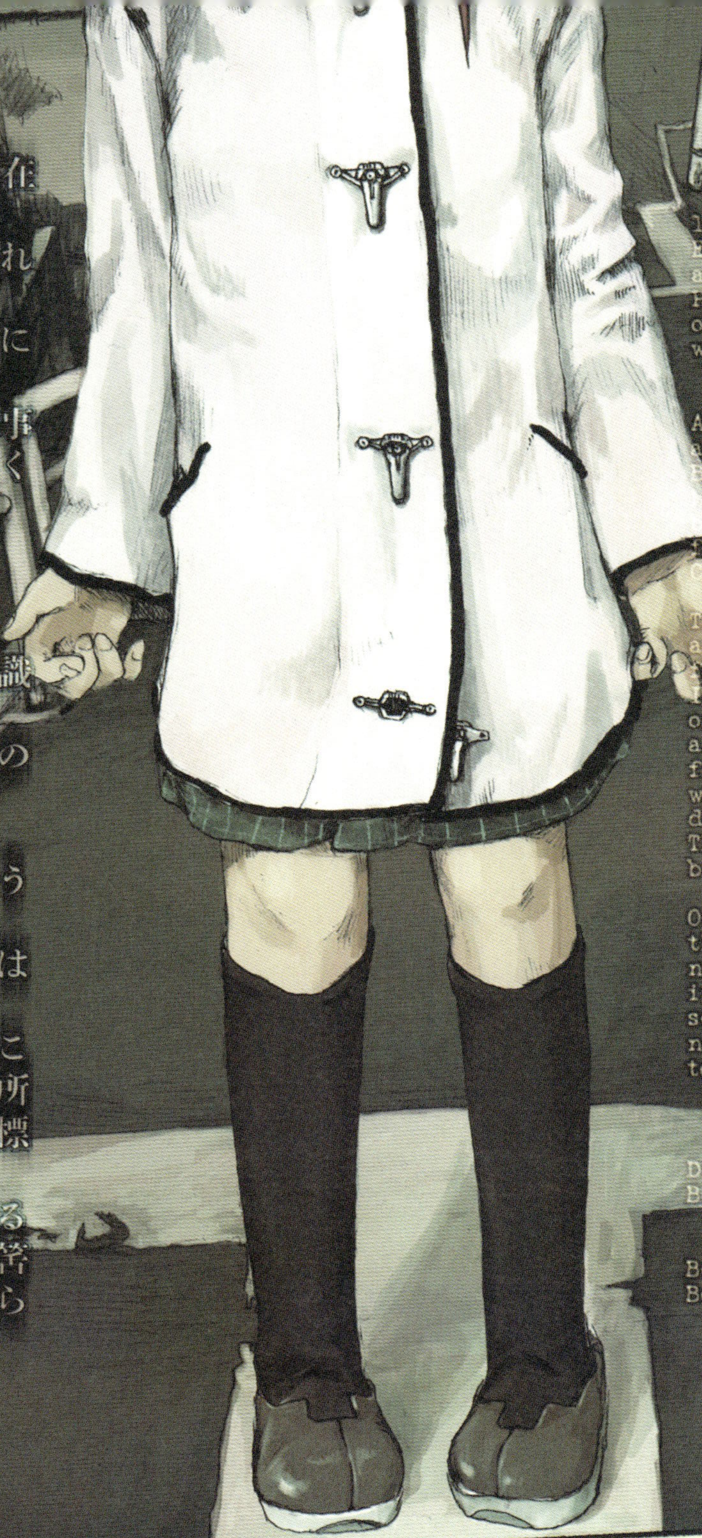

lain is lain. lain is lain.
Each is different and all are the same.
People become aware of their own species by communicating with one another.

A man is not just a "terminal" at the end of a line.
By communicating with others he gains continuity,
because he relays thoughts from one to another.
Connection means continuity.

This is true not only for the axis of coordinates, but also for the passage of time.
If communication is intentional, the dead should revive and emerge from the place where they once were, to reappear on the coordinate of time.
That is where the connection begins.

One needs to understand that the starting point of the connection is merely a space in which all that one posseses is one's body, and the meaning of the body itself starts to waver.

Do not be afraid of this story.
Be afraid of lain.

Be aware that you are connected.
Be yourself, be continued.

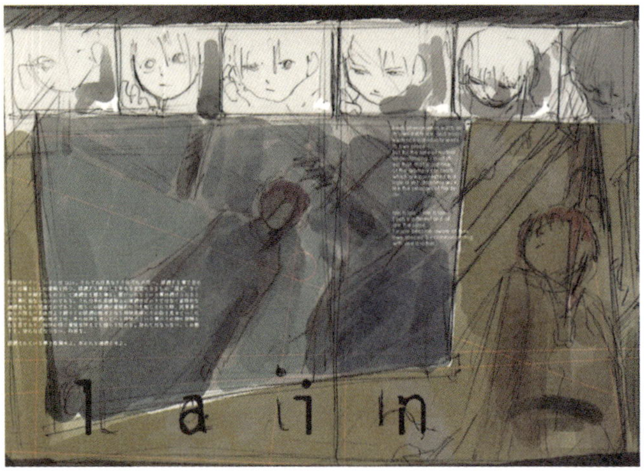
lain

30

serial experiments lain

layer:02 girls

"No,it's not like that"
"I heard about it so many damn times but it's really unbelievable and I'm not gonna believe it"
"Your ice cream is melting"
"How about killing yourself?"
"Hey, isn't that cute? I want it too. Where did you get it?"
"I felt numb and I gradually lost my senses.
It was like everything bad was flowing out of me"
"You don't send such creepy things to people without telling them so, do you? This is not normal"
"No, it's a different girl "
"You mean lain? "
"Your ice cream is dripping"
"You really meant that ?"
"Oh, no! I didn't know that! (she cries)"
"Who's lain by the way? "
"My body was there but my eyes were somewhere else "
"Come on! I know what it's all about"
"You think it's salty eh? But no, blood tastes sweet"
"Look, look, look at it! Can you forgive this? "
"Oh, it's horrible, isn't it?"
"Who's on the bed? Why are you so white? "
"It's not like that, you see"
"No,no. I pressed the numbers of the mobile phone at random
but it answers the phone every time "
"You mean lain? "
"It doesn't suit you, Don't buy it!"
"No wonder your boyfriend gets angry"
"I was really bugged so I kicked his Achilles' tendon without warning him (they laugh)"
"Who's lain? "
" I've been asking you this so many times. How do you know what I have in my mind and why can't I sense what you are thinking?"
"Kiss? I just love it"
"Don't be stupid you silly girl! "
"Is that a kind of curse?"
"Sorry, we don't want to talk with you"
"What? But she died...didn't she?"

"Hey,who on earth is lain?"

text by chiaki j. konaka
graphic by yoshitoshi abe
translation by akiko matsumoto

「だからそうじゃなくって」
「きいてきいてきいても信じらんないってゆーかあたしゼッタイ信じたくないってゆーか」
「クリームたれるってば」
「死ねば？」
「あーそれカワイーあたし欲しいーどこで売ってるのー？」
「じーんって痺れてきてだんだん感覚が無くなってきて体から悪いものが全部流れていくって感じがしてきて」
「こんな気色悪いモンいきなし送ってくると思う？フツー」
「違うってそれは別の子だよ」
「レイン？」
「クリームたれたよ」
「あれってマジの話？」
「うぞーっ！　あたしそれ聞いてないー（泣）」
「レインって誰だっけ」
「そこに体だけはあっても目は違うところにあるって感じ」
「ちなみにそれってもうバレバレだかんね」
「しょっぱいと思うでしょ？　違うんだよ血って甘いんだよ」
「見て見て見てこんなこと許していいワケーっ？」
「あーあムザンだよねーあれじゃ」
「ベッドの上にいるの誰？　何でそんなに真っ白なの？」
「だからそうじゃなくって」
「ちがうんだってケータイでテキトーに押した番号なのにそいつが絶対出てきちゃうんだってば」
「それってレイン？」
「それあんたに似合わないからやめとき」
「そりゃカレシ怒るわ」
「そんで激ムカついたからー知らんぷりしてあたし後ろからアキレス腱とかにガキッとかいって（笑）」
「レインって誰？」
「どうしてあなたがあたしの考えてる事が判ってあたしがあなたが考えてる事が判らないのって何度も言ってるじゃない！」
「キス？　大好き」
「バカこいてんじゃねーよこの女わ」
「それってもしかして呪いって奴？」
「悪いけどウチらで足りてるからさ」
「え？　だってあの子って死んだじゃない……？」

「ねー、レインって誰なんだってば」

serial experiments lain

A processor called "Psyche" has been talked about for quite a while now. At first, the name spread within News Groups, then to the Web, and among enthusiasts like clerks who work for shops in Akihabara or Nihonbashi. There were people who doubted its ability to upgrade the capacity of a machine just by connecting it to the mother board. The editorial section succeeded in obtaining a processor which is believed to be "Psyche" through a certain route, and here is a detailed report of it. However, we cannot tell you how we obtained it, and questions about the processor cannot be answered.

As you can see from its appearance, it has a multiple layer structure. It seems that the accumulation ability per die area is not exceptionally high since it is a small rot prototype. We got the body but have no documents about the device. Therefore, it was installed by trial and error.

As it was rumored, you place the processor on 429pin North Bridge, the chip set of the mother board. It was not so difficult to set the device since it was like setting an Over Drive accelerator to the old 386 model. However, we had a hard time making it start. The processor brings 133mhz base clock to 40mhz and interrupts the memory controller with the transmitting rate of 1.6GB/sec. To our surprise, Psyche seems to control the whole mother board and even I/O with its own command by intercepting BIOS. Therefore, the jumper settings will be made invalid. Indeed, it is possible to upgrade the crock by this method, and also the signals and I/O for special purposes can be upgraded drastically. However, it is the result that is important. In the ordinary bench mark test, it was excellent in all aspects like CPU,FPU, and ray tracing but this was not so surprising. It seems that Psyche shows its real ability when connected to a network. During the various tests it proved unbelievably efficient in broadcasting on the network. Psyche employs 128bit memory which is equivalent to L2 cash and it seems that the command packet of a network is translated by an interpreter method and responds back with a protocol method. Due to this, the amount of data in the packet and the time needed for transmission was improved significantly. Adding to this, the protocol used here involves the code of network protocol which is called next generation TCP/IP, and what was "not visible" has become visible by this. When we accessed to a network with a machine with Psyche, things that we did not intend to download were downloaded automatically and the registry was rewritten. At the same time, an application like an e-mailer was installed and a strange message was shown in the floating window. This message was an oracle and it commanded me. The prophesy must be carried out. "Eastern Mathematical Knights" will save my soul and the software that put me back to where I should be shall stop the secretion of serotonin in my brain and take me to the world where there is no agony and grief

text by chiaki j. konaka
graphic by yoshitoshi abe
translation by akiko matsumoto

layer:03

Psyche

「プシューケー」と呼ばれるプロセッサの存在が噂されて久しい。当初はNews Groupにて、やがてWebや秋葉原、日本橋のショップ店員を中心とするマニアの間で、その名は囁かれていた。
単にマザーボードに挿すだけで、そのマシンの性能を飛躍的に高めるなどという事が本当に可能なのか疑問の声も高かったが、編集部があるルートを通じて、このプシューケーと思われるプロセッサを入手する事に成功した。早速その詳細について報告したい。なおこの入手ルートについてはここでは明かす事が出来ない。質問にも一切お答え出来ない事をお断りしておく。
外観を見て判る様に、これは多層基盤構成となっている。小ロットのプロトタイプだからか、ダイ面積当たりの集積率はずば抜けて高いものではない様だ。入手出来たのは本体のみで、ドキュメントの類は一切無かった。従ってインストレーションも試行錯誤が必要となった。

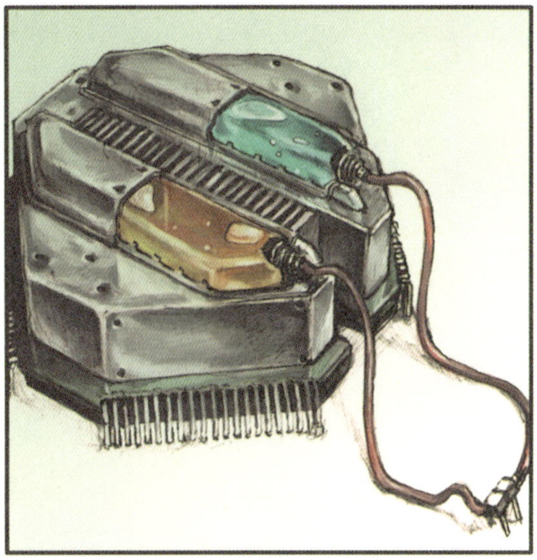

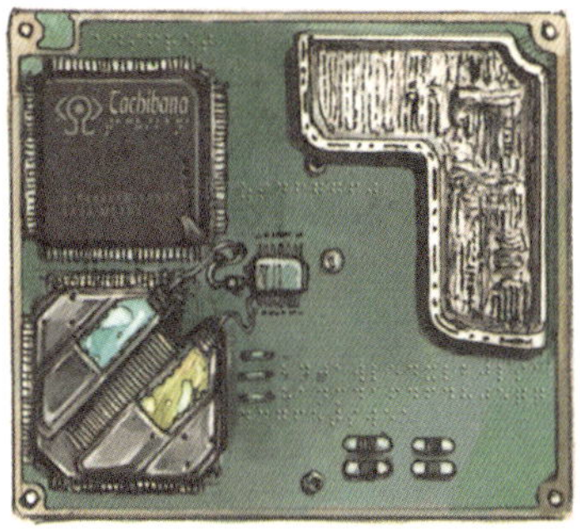

上がPsyche。左はタチバナのオリジナルメインボード、および同社のプロセッサ。Psycheはその背面にセットする。

噂にあった様にこのプロセッサは、マザーボードのチップセット、429pin NorthBridgeに被せる形で装着する。従ってこのチップセットを採用したマザーボードのみに対応している。装着自体は、そう難しいものではなかった。昔の386に被せるタイプのOverDrive式アクセラレーターと、似た様な方式だからだ。しかし起動に至るまでにはかなり手こずらされた。このプロセッサは、133mhzベースクロックを400mhzに引き上げ、1.6GB/secの転送レートでメモリ・コントローラーに割り込む。驚いた事に、このプシューケーはBIOSをインターセプトして、独自のコマンドでマザー全体のI/Oまでも制御しようというものらしい。従ってボード上でのジャンパの設定は無効となる。なるほどこの方法ならば、単にクロックを上げるだけでなく、I/Oに至るまでの信号をある目的に特化した形で飛躍的に高める事は可能だろう。しかし問題はどんな効果が得られるのかだ。通常のベンチでは、CPU、FPU、レイトレーシング等、全ての項目で高い数値を叩き出したが、驚異的という程ではない。どうやらこのプシューケーは、ネットワーク接続時に於いてその真価を発揮するらしい。試した膨大なテストの中で、ネットワークでのブロードキャストが信じられない効率で行われるのを確認した。このプシューケーにはL2キャッシュに相当するメモリが128bitで動作しているが、ネットワークのコマンド・パケットをここでインタープリタ式に翻訳してプロトコル方式でレスポンスを返しているらしい。これによってパケットのデータ量、転送時間共に飛躍的に進化する。更にここで用いられているプロトコルには、次世代TCP/IPと言われるネットワーク・プロトコルに含まれるコードも内包しているらしく、これまで“見えなかった”ものが見える様になったのである。プシューケーを装着したマシンでネットワークにアクセスしていると、こちらの意図しないものまで勝手にダウンロードし、レジストリを書き換えていく。更には一種のメーラーの様なアプリケーションがインストールされ、奇妙なメッセージをフローティング・ウィンドウ内で表示する様になった。このメッセージは神託であり、私に命じた予言は実行されねばならない。東方算法騎士団こそ私の魂を救い人が本来あるべき姿へと還元してくれるソフトウエアにより脳が分泌セロトニンを抑止し苦しみも哀しみもない世界へ9偉ヌJｽw=Sﾄrﾓ□p「諞ｭｿ崎`ﾝ□ﾍ□耒I w4CGﾐﾙ

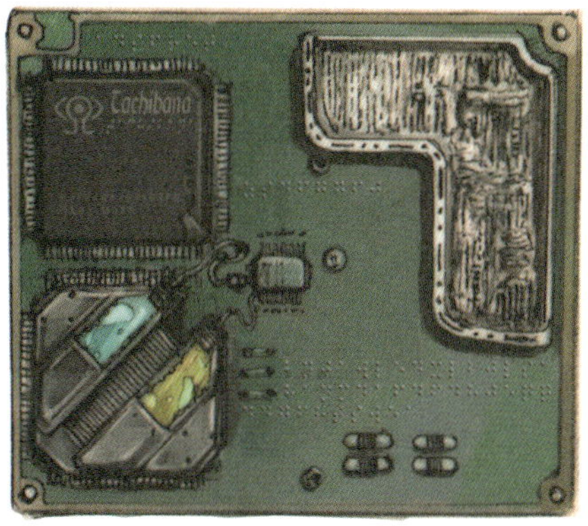

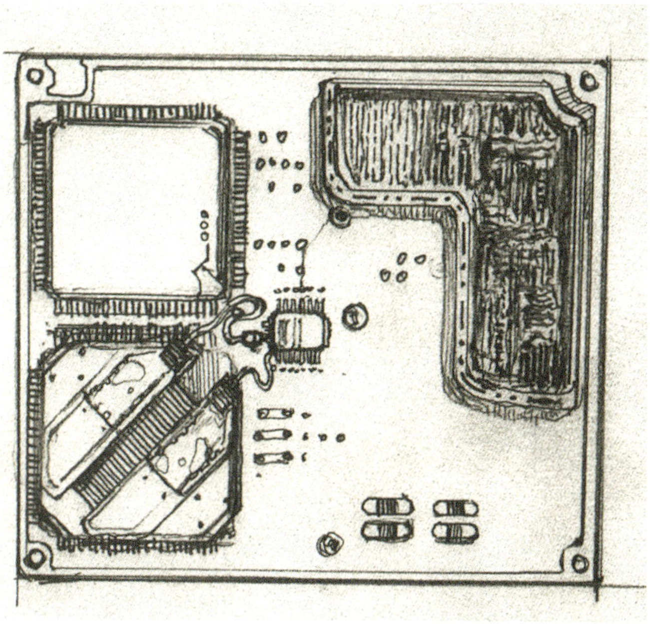

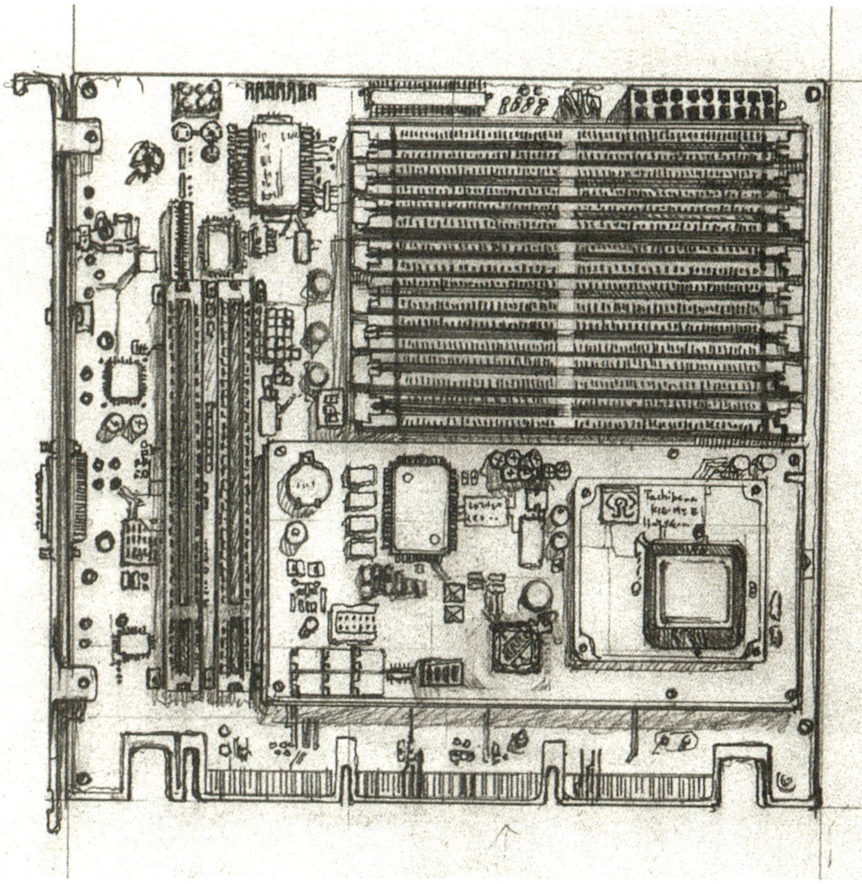

――あなたの名前は？
「……れいん」
――中一？　中二？
「中二」
――学校は楽しい？
「（長い沈黙）……うん」
――どの勉強が好き？
「……」
――クラブは何か入っているの？
「（黙って首を振る）」
――すぐ帰っちゃうんだ。
「……」
――友達はいる？
「……いるけど」
――どんな遊びするの？
「遊びはしない」
――じゃあ何をするの？
「……（暫く考えている）……お話し」
――どんな話？
「……いろいろ」
――どんなところで話をしてるの？
「ワイヤード」
――実際に会って話すのは苦手？
「……」
――ワイヤードって、どんなところだと思う？
「……人と人が繋がる場であり、リアル・ワールドの上位階層に当たる」
――（苦笑）それ、誰かが言った言葉でしょ？
「お父さん」
――お父さん、好き？
「（暫く黙って）……（コクリと頷く）」
――ワイヤードにはどんなNAVIでアクセスしてるの？
「小六の時に……、お父さんに……買ってもらって……」
――そういう機械とかって、いじるの好き？
「うん」
――こういう質問、嫌い？
「……」
――自分のことを話すのって、好きじゃない？
「……（頷く）」
――どうして？
「……（かなり長い沈黙）……だって……」
――だって？
「あたしは……、あたしだけど、あたしじゃないから……。あたしはあたしだけじゃないって……」
――誰かがそう言ったの？
「……」
――誰？
「……神様」
――どの神様？
「ワイヤードの神様」
――ワイヤードに神様がいるの？　それを信じてるの？
「……」
――答えなさい。
「……」
――答えるの。
「……あたしが信じていれば、いるし……」
――そういう答えは感心しないわ。
「……神様は……、いる……」
――そう、それでいい。ワイヤードの神という事は、リアル・ワールドの上位階層にあたる神。即ちこれ、この世界凡てを統べる存在なの。いいわね。
『……あなた、だれ？』

lain

layer:04 Religion

「……あなた、だれ？」

--What's your name?
[Lain.]
--You're in seventh grade? Eighth grade?
[Eighth.]
--Do you like school?
[(long pause) ...Uh-huh.]
--What subject do you like?
[(silence)]
--Are you in any clubs?
[(shakes head silently)]
--Do you go straight home after school?
[(silence)]
--Do you have friends?
[...Yeah.]
--What do you and your friends do for fun?
[Nothing.]
--Well, what do you do?
[...(thinks for a while)...Talk.]
--What about?
[...Stuff.]
--Where do you go to talk?
[Wired.]
--You don't like talking with each other in person?
[(silence)]
--What kind of place is Wired, to you?
[...A place where people connect with other people--the top level of the real world hierarchy.]
--(weak laugh) Who told you that?
[My dad.]
--Do you love your father?
[(long pause...nods)]
--What kind of navigator do you use to access Wired?
[When I was in sixth grade...my dad...bought it for me...]
--Do you like operating this kind of machine?
[Uh-huh.]
--Do you dislike questions like this?
[(silence)]
--You dislike talking about yourself?
[...(nods)]
--Why?
[...(long pause)...Because...]
--Because?
[Because I'm...I'm me, but I'm not me. I mean, I
just me...]
--Who told you that?
[(silence)]
--Who?
[...God.]
--What god?
[The God of Wired.]
--There's a God of Wired? You believe that?
[(silence)]
--Answer me.
[(silence)]
--Answer.
[...There is if I believe there is...]
--That answer isn't good enough.
[...There is...a God...]
--All right, fine. The God of Wired is the god of the top level of the real world hierarchy--in other words, a being that controls the entire world. Is that right?
[...Who are you?]

text by chiaki j. konaka
graphic by yoshitoshi abe
translation by akiko matsumoto

serial experiments lain

layer:05 Distortion

ベトナムで頭部に被弾した米兵が、その損傷した頭蓋を補綴する為に金属製プレートを用いたところ、その金属がアンテナの効果を果たし、ラジオの音が頭の中に流れ込んで難儀をした、という著名なエピソードがあります。

分裂症患者のティピカルな幻聴は、“電波”が勝手に聞こえてくるというものです。また、自分が盗聴されているという感覚に襲われるケースも多いですが、一方では実際に盗聴器が無数に売られ、様々な意図から不法に仕掛けられ、それらを見つけだす業者が存在しています。

脳内の情報伝達は、シナプス間を走る弱電気パルスに依ります。

そして、私たちが生活する世界には、無数の電波が虚空を行き交い、頭上に張り巡らされた電線からは、夥しい電磁波が漏れ出しています。

これらの事を、安易に関連づけて結論を導きだす事は危険です。しかし、私たちは、危険な環境の中で生きているという事だけは認識しておく必要があるでしょう。

フーコーの語る「狂気」が魅惑的なのは、それらの狂気の根源が個人に還元されるところにあります。しかし、人にもし伝播する「狂気」なるものがあるとするなら、それはその明示されたシステム故に、狂気に至る構図を単純化し矮小化させてしまうものに他なりません。

つまり、外的な要因から人を異化せしめられたものが在るとして、それは「狂気」とは異なる事象と捉える必要があるでしょう。

ここで述べている様な、人の意識を異化せしめるプロセスを意図的にシステム化する事が可能であるとすれば、それは既に稼働しているのかもしれません。

もしそうだとすれば、それを動かしているのは一体誰なのでしょう。

layer:05 Distortion

During the Vietnam War, metal plates were used to mend the skulls of American soldiers who had received bullet wounds in the head. It is often said that some of these plates functioned as radio antennas, forcing the unfortunate veterans to listen to the radio.

Auditory hallucinations are common among those suffering from schizophrenia, many of whom claim that "radio waves" flow into their brains against their will. Often, these patients feel that they are being " wiretapped ." In actual fact, countless "bugs" are being sold and placed illegally. There are even people whose job is locate them.

In the brain, information is transmitted via a week electric pulse that runs between synapses.

In the world we live in, many radio waves flow through the atmosphere, and a vast number of electromagnetic waves leak out of electric wires running over our heads.

It is risky to make thoughtless connections between all of these phenomena and then jump to conclutions--however, we must be aware that we are living in an unsafe environment.

The reason that "madness," as defined by Foucault, is fascinating is that the foundation of all madness can be traced back to individuals. If there were a "madness" that spread to people from outside, however, this would only simplify and minimize the process of madness, because the process would be clearer.

In other words, if human beings could be changed by external factors, we would have to conclude that this phenomenon was different from "madness."

If the intentional systematization of the process of changing human consciousness is a possibility, then this may already have been done.

If that is the case, who is doing it ?

serial experiments
lain

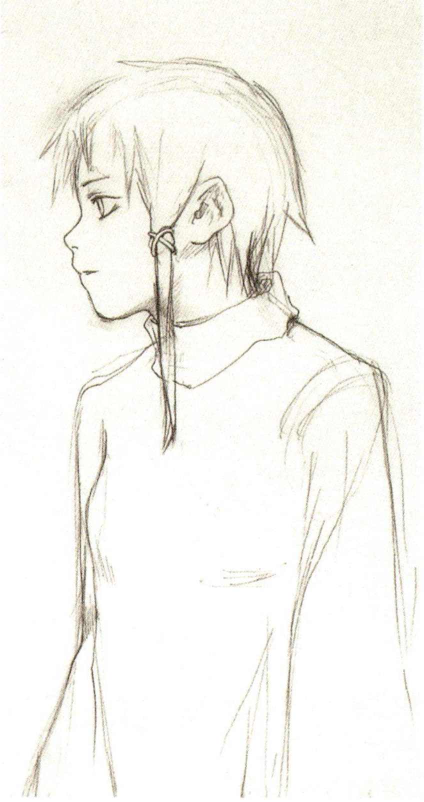

layer:06 KIDS

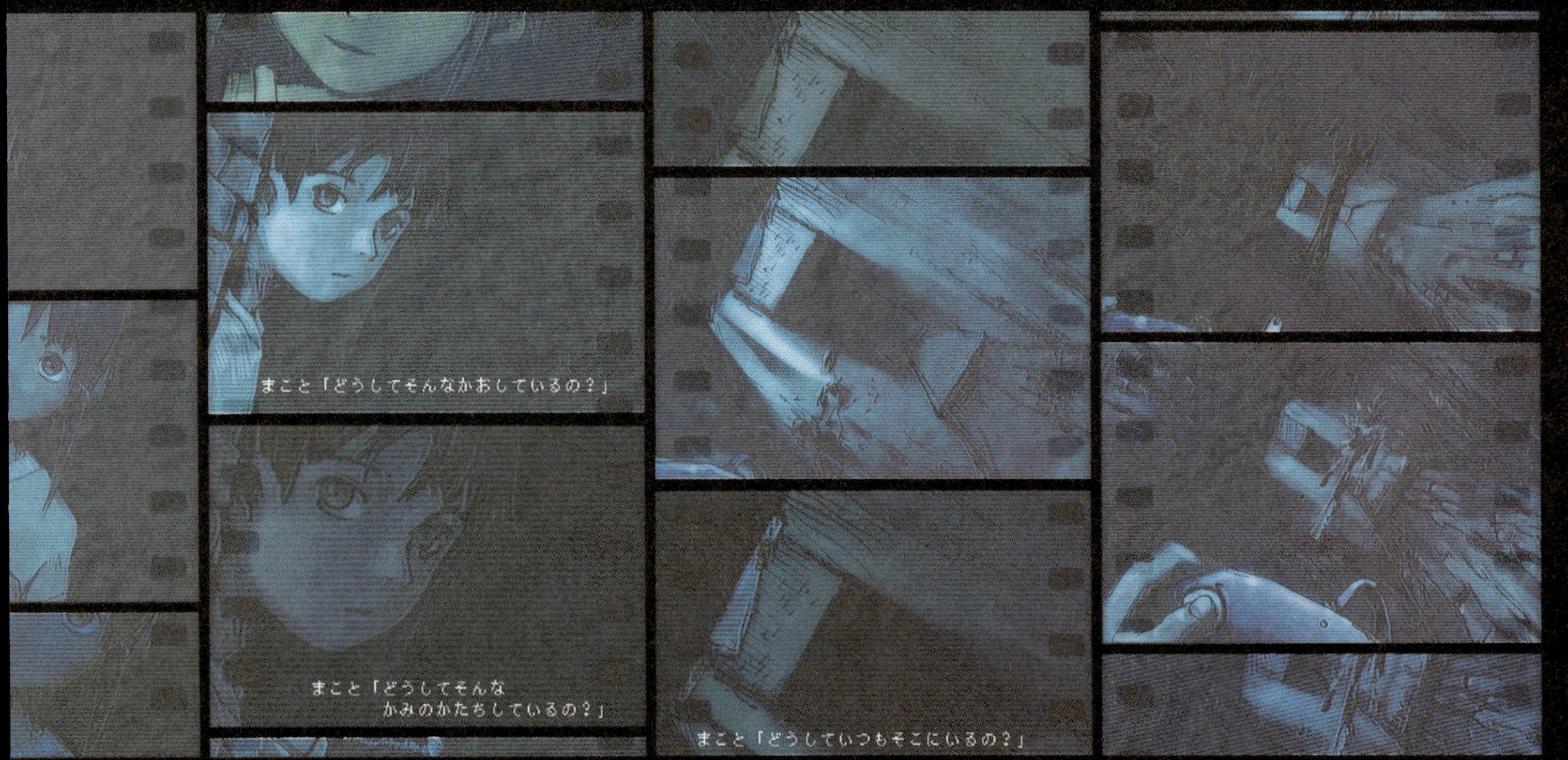

text by chiaki j. konaka
graphic by yoshitoshi abe
translation by akiko matsumoto

Makoto " Why are you always there ? "

Makoto " Why do you look like that ? "

Makoto " Why is your hair done like that ? "

Makoto " How can I get there ? "

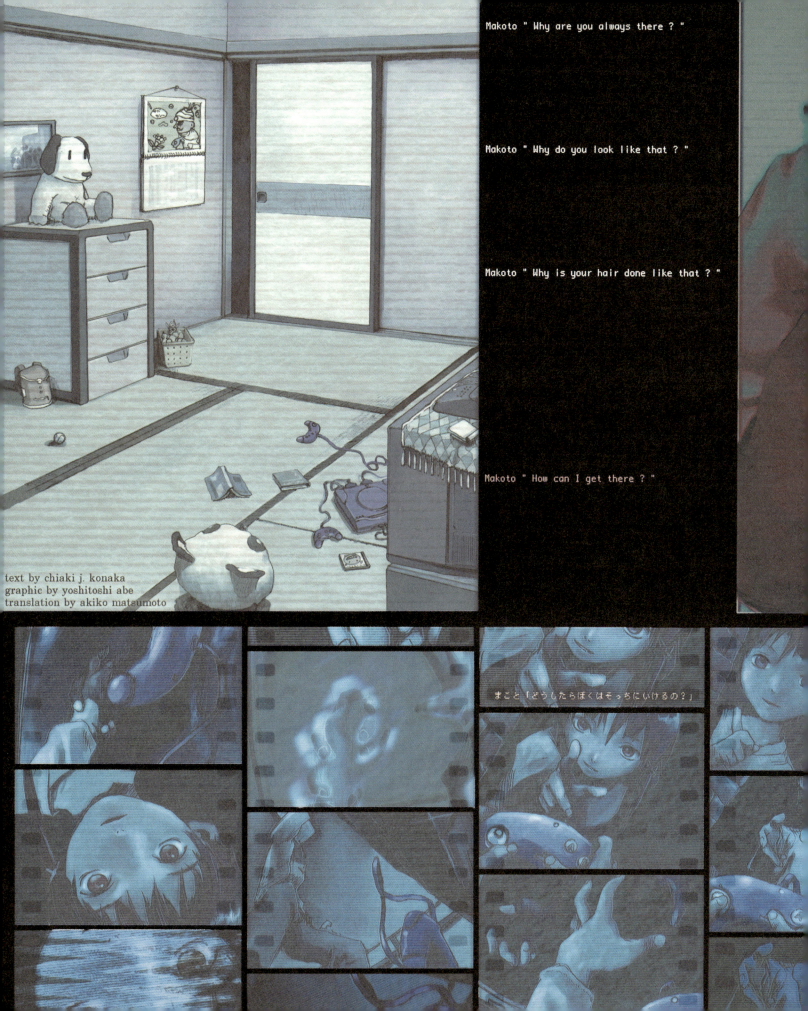

serial experiments lain
layer:07 SOCIETY
Last Sunday. I went out with my family.
We went to our relative's house in Fujisawa by train. All of us together.
We left at the time I usually leave for school.
On our way to the station, my mother noticed that she forgot something,
so we went back to the house .
It was the first time we went to their house in Fujisawa—No.I was mistaken.
We've been there several times. I just forget things sometime.
Meeting my uncle and aunt. I greeted them saying "Nice to meet you." by mistake,
and they laughed at me.
I don't remember what happened while I was in the train.
But I think I was hearing my father and mother talk quietly about the medicine
all the way.
I was hearing it absent-mindedly .
Then I began to feel as if I were at school and I felt sick.
I endured it all the way through. Meeting my uncle and aunt,
I said "Hello." No. I said "Nice to meet you." Was my father and mother there"
Last Sunday, I went out alone.
I went to relative's house in Fujisawa alone.
text by chiaki j. konaka
graphic by yoshitoshi ABe
translation by akiko matsumoto

serial experiments
lain
layer:08 RUMORS
ねえ　聞いた？
ううん　おしえて
これはぜったいに
ないしょのお話
ほかの誰にも
おしえちゃダメ
そっと耳元にささやく
It’s just a rumor.
Evryones want to
hear that.
ウワサ話なんて
信じちゃいけない
真実《ほんとう》のことだけを
心にのこしてほしい
Did you hear?
No, tell me.
This really is a secret.
Don't tell it to anybody.
It was whispered close
to the ear.
It's just a rumor.
Everybody wants to hear
that.
Don't believe rumors.
Just let the truth
Remain in your heart.
ORS
text by chiaki j. konaka
graphic by yoshitoshi ABe
translation by akiko matsumoto

serial experiments lain
layer:08 RUMORS
ねえ　嘘でしょ?
ううん　マジなの
それはぜったい
信じられないお話
のこらずみんな
話しているよ
大きな声で笑って
It's just a rumor.
Evryones like to
say that.
ウワサ話なんて
嘘ばっかりだよ
真実《ほんとう》のことなんて
誰も知らない
だけど　これだけは
本当の本当
ねえ　知ってる?
It must not be true.
Yes, I'm serious.
That is totally unbelievable.
Everyone's talking about it.
And laughing out loud.
It's just a rumor.
Everyone likes to say that.
Rumors are all lies.
The truth is
Never known.
But this is something
really true.
Do you know about it?
RUM

serial experiments
lain
layer:09 PROTOCOL

見ているだけでいいの
愛するっていうのはつながるっていう事じゃないの？
Love is to be Connected, isn't it?
double bind
ダブル・バインド
I'll scoop my heart out and put it in front of him.
If there is someone else you love,
lick the lips, tracing their shape with the tip of your tongue.
舌の先で唇の形をなぞる様になめること
No matter how much you think of him, he won't feel it.
どんなに思ったって伝わらない
text by chiaki j. konaka
graphic by yoshitoshi ABe
translation by akiko matsumoto

れほど悲しい思いを
しているのだから
Since I've been so
distressed.
Watching it.
I'm satisfied
触れなくちゃ
ダメ
You've got to touch it.
Confession
What's being and
what's being done are diferent.
体の奥が
There is something
hot inside my
serial experiments
lain
layer:10 LOVE

serial experiments
lain
layer:11 Infornography
冥府は死者で溢れている。
The nether world is filled with the dead.
それは、とても、気持ちがいい。
That is so pleasant.
畏れるべきものは、今、見えていないもの。
What you should be afraid of is something that you are not seeing now.
舌の先が降りて、凹みで止まる。
The tip of tongue goes down and stops at the hollow.
誰かたすけて
Help me.
預言は実行される
The prophecy will be carried out.
あたし、友達って少ないから……
I don't have many friends……

痛み　堪え難い痛み
The pain. The unbearable pain.
情報が唇をそっと撫でてくれる。
Information strokes the lips softly.
耳の下の柔らかいところ。
The soft spots under the ears.
影の中にはいつも血が溜まっている。
There are always pools of blood in the shadows.
緑と赤の縞柄のセーター
A green and red striped sweater.
lainは誰？
Who is lain ?
頭蓋を割って痛みだけを取り出したい。
I want to break the skull and take the pain out.
瘡蓋を爪でこじ開けて、抉る。
Pry the scab off with a nail and scoop the flesh out.

text by chiaki j. konaka
graphic by yoshitoshi abe
translation by akiko matsumoto

let me get out of here

serial experiments lain

layer:12 LANDSCAPE

text by chiaki j. konaka
graphic by yoshitoshi ABe
translation by akiko matsumoto

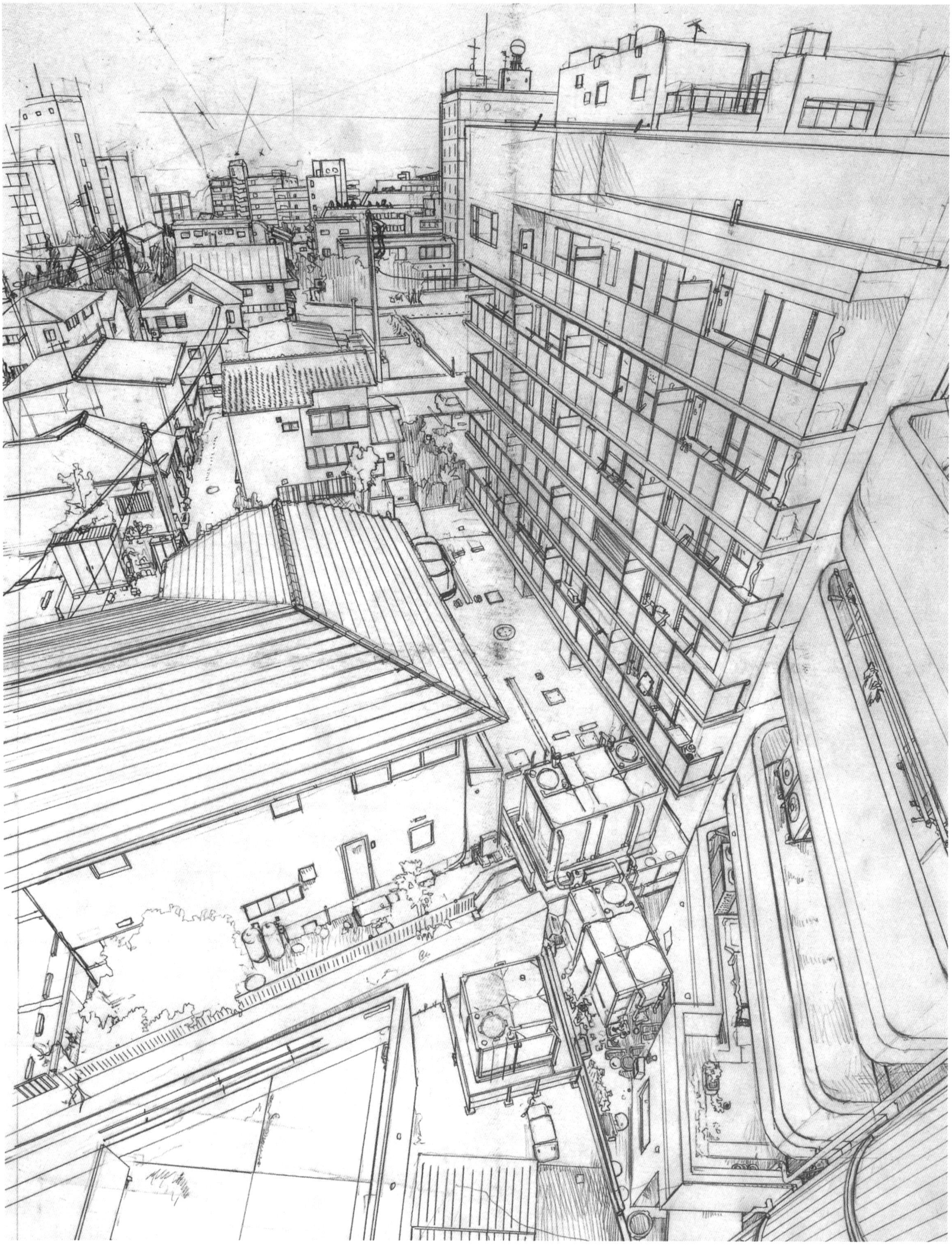

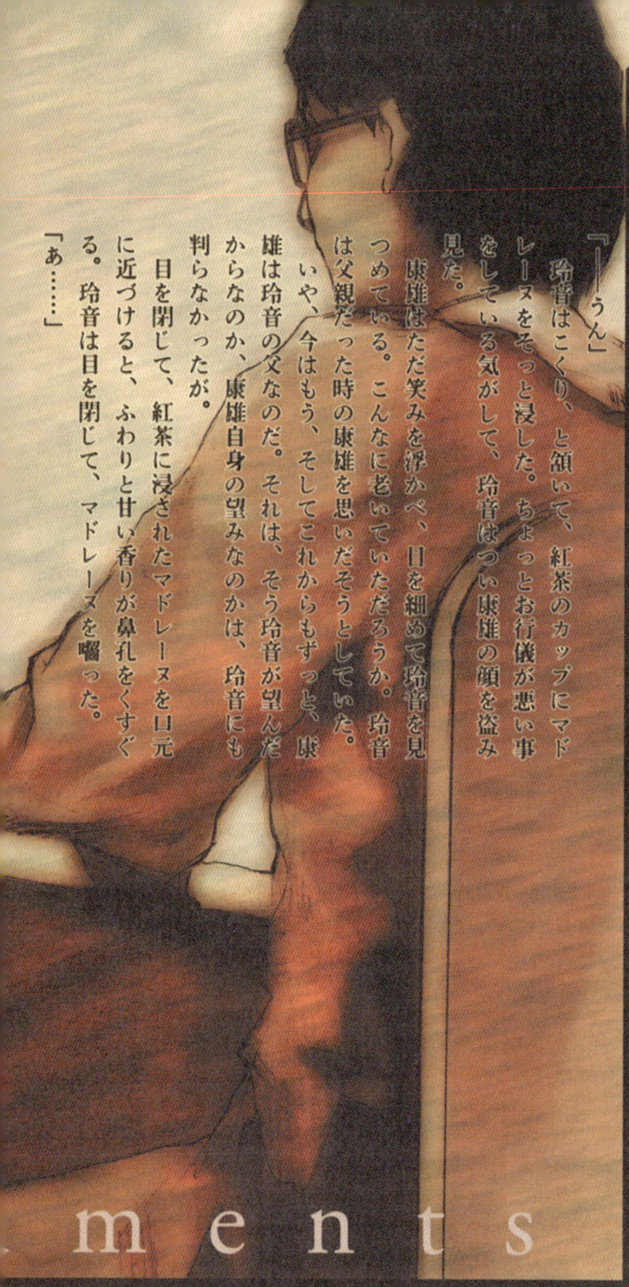

『——うん』

玲音はこくり、と頷いて、紅茶のカップにマドレーヌをそっと浸した。ちょっとお行儀が悪い事をしている気がして、玲音はつい康雄の顔を盗み見た。

康雄はただ笑みを浮かべ、目を細めて玲音を見つめている。こんなに老いていただろうか。玲音は父親だった時の康雄を思いだそうとしていた。

いや、今はもう、そしてこれからもずっと、康雄は玲音の父なのだ。それは、そう玲音が望んだからなのか、康雄自身の望みなのかは、玲音にも判らなかったが。

目を閉じて、紅茶に浸されたマドレーヌを口元に近づけると、ふわりと甘い香りが鼻孔をくすぐる。玲音は目を閉じて、マドレーヌを囓った。

「あ……」

"That is good, isn't it, lain?"
His soft, low voice was very pleasant to her ears.
Father's voice.
So gentle.

The warmth, different from what she had felt before, spread through her heart.
Feeling tears in her wide-open eyes, lain nodded and said "Yes."
lain recalled that she had always been afraid of his voice, for no reason.
She thought, "Why was I so afraid of it? Such a gentle, pleasant voice."
The tears trickled down her cheeks. She felt pain even in her heart.
But she surely wished for this pain to last forever. She felt it because she was made of flesh and blood-.
She felt it because what she had learned by suffering, as if her heart were being filed, stayed in her as a memory.
And because of this, she appreciated affection. She clearly knew how great the affection was.
And this was not the only thing that she had learned.

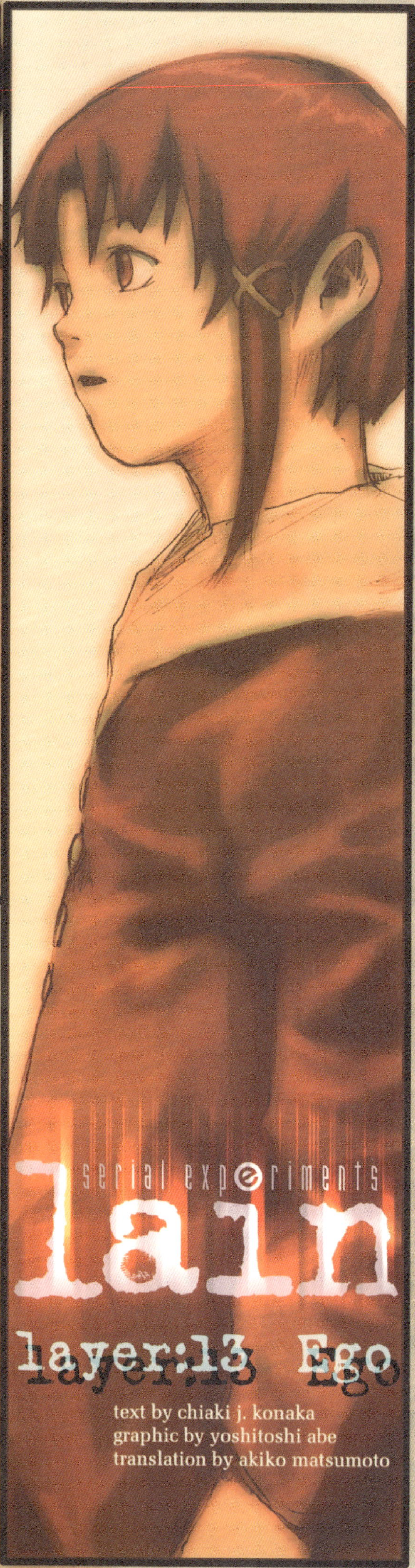

serial experiments

lain

layer:13 Ego

layer:13 Ego

text by chiaki j. konaka
graphic by yoshitoshi abe
translation by akiko matsumoto

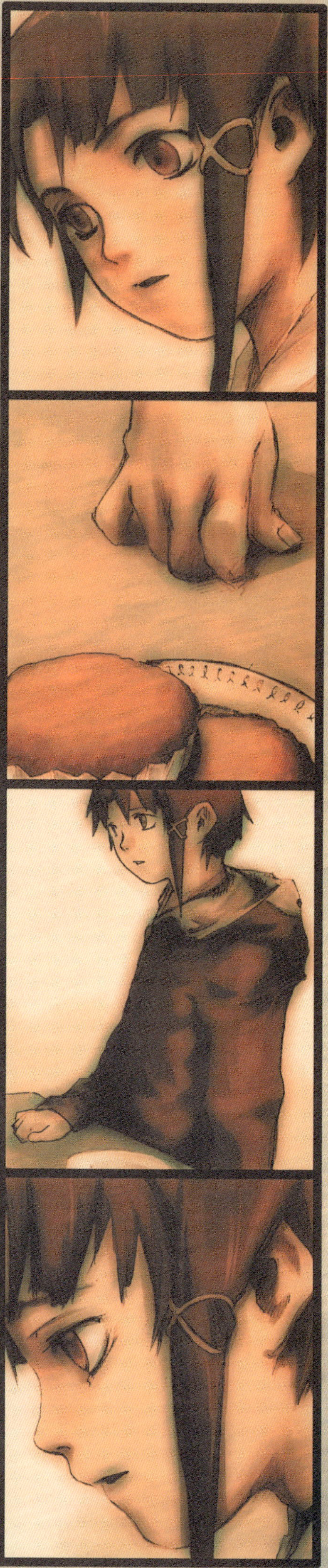

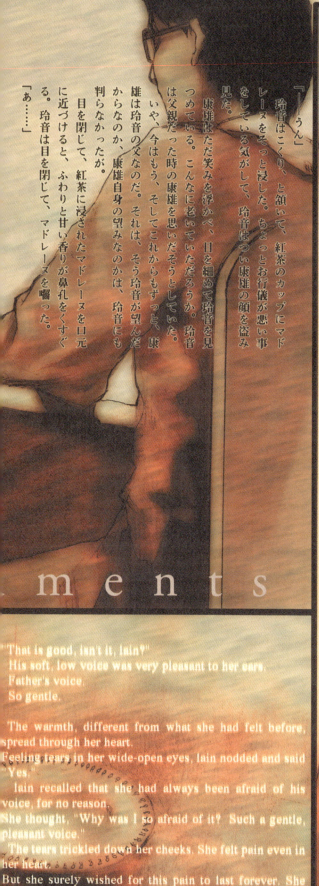

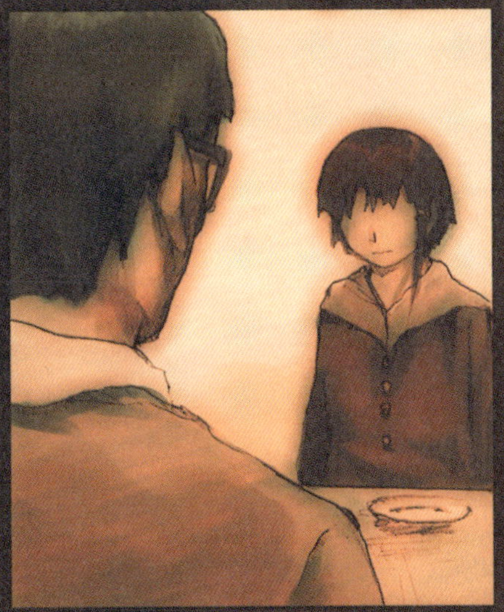

口の中で、紅茶に浸されたマドレーヌの甘さ、暖かさが広がる。その味覚と暖かさは玲音の躰に浸透し、冷たく固まっていた玲音の中で、優しさを満ちさせる。

閉じた瞼の向こうで、二人を包んでいた黄昏の光が強まった様に感じられた。ゆっくりと目を開く。この黄昏の光は、前にも玲音は浴びていたのだが、今はその事は記憶から消えている。

康雄は未だ玲音の前に座っていてくれた。

「美味しいだろう？　玲音」

穏やかな、康雄の低い声が、玲音の耳にとても優しく響いた。

お父さんの声。

こんなに優しく。

胸に、今までと違う暖かさが広がり、見開いた目に熱さを感じながら、玲音は「うん」と頷いた。

玲音はいつも、康雄の声に根拠も無く脅えていた自分を思い出していた。なぜ怖かったのだろう。こんなに優しい声なのに。こんなに心地よい声なのに。

ぼろぼろと涙が頬を伝っていく。胸が詰まって苦しい程だった。それでも玲音は、この苦しさが永遠に続けばいいとさえ思っていただろう。それは、肉体を持っていた自分だからこそ、判った事——心をやすりに掛けられるが如き思いまでして得た事全てが、今の玲音の中に記憶としてあるからに他ならない。だからこそ、玲音は優しさが嬉しい。優しさという気持ちの大きさがはっきりと判る。

そして、判った事はそれだけではなかった。

"...Yes."

Iain nodded her head and quietly dunked a madeleine in her tea.

Feeling as if she were doing something a little ill mannered,she glanced at Yasuo.

He was just smiling and looking at her, with narrowed eyes.

Was he really this old ? Iain was trying to recall what he used to look like when he was her father.

Well, he still was, and he would remain her father in the future.

However, Iain did not know if that was because she wanted him to be, or because Yasuo wished to be.

Closing her eyes, she lifted the dunked madeleine to her mouth. The sweet small tickled her nostrils.

With her eyes closed,Iain bit into it.

"Ah...."

The sweetness and warmth of the tea flavored madeleine spread over her tongue.

The taste and warmth of it penetrated into her could, hardened body and filled her with a gentle feeling.

With her eyes closed, she thought she felt the golden light falling over them grow stronger.

She slowly opened her eyes. She had bathed in this golden light before, but she had no memory of it.

Yasuo was still there, sitting before Iain.

layer:00 Program
void Reset_Panel(u_int level, u_int number)
{
if(level < MAX_LAYER)
{
if(number < ONE_LEVEL)
{
Panel_num = gLAIN_Cyl[level][number].mOTcunt;
coord_init(&object2[PANEL+Panel_num]); // 意識に記憶を刷り込む
if(gLAIN_Cyl[level][number].mIndex == -1)
load_model((u_long *)&box9_tmd, &object2[PANEL+Panel_num]);
// 記憶に無い事は無かった事
else
load_model(sel_panel_tmd_tbl[gLAIN_Cyl[level][number].mSelectOk],
&object2[PANEL+Panel_num]);
// 記録を書き換える
}
}
void init_layer(void)
{
u_int i,ii;
{
Imprint the memory into the consciousness.
The thing you don't remember is the thing that didn't exist.
Rewrite the record.

if((Panel_mode == INTF_REQ_LOOKUP)//
(Panel_mode == INTF_REQ_LOOKDOWN))
BG[i].y = BG_LINE_Y + lain_move_cunt;
BG[i].y = BG_LINE_Y + (view.vpy/4);
GsSortFastSprite(&BG[i],&Wot[outbuf_idx],SCR_Z*3);
}
DrawSync(0);
VSync(0); /* 被験者の認識 */
// 世界の中心
coord_init(&object[LAYER]); // 座標定義
load_model((u_long *)&layer_tmd, &object[LAYER]); // 玲音はそれを知らずにいた
link_tmdobject(&object[LAYER],&object[MASTER].DWorld);
object[LAYER].DWorld.coord.t[ZP] = 0 - view.vpz;
#if 0 //SEL_PANEL
if(gLAIN_Cyl[i][ii].mIndex != -1) // 玲音があなたを導く
#endif
{
New_Panel_set(i, ii);
}
}
New_ring_set(i, i, 0, 0);
}
}
void init_g_pass(void)
The understanding of the subject.
The center of the world.
The definition of the coordinates.
lain did not know it.
lain will guide you.
serial experiments
lain
text by chiaki j. konaka
graphic by yoshitoshi abe
translation by akiko matsumoto
座標定義

VHS/LD
jackets
(lif.01~05)

&

LD
box cover

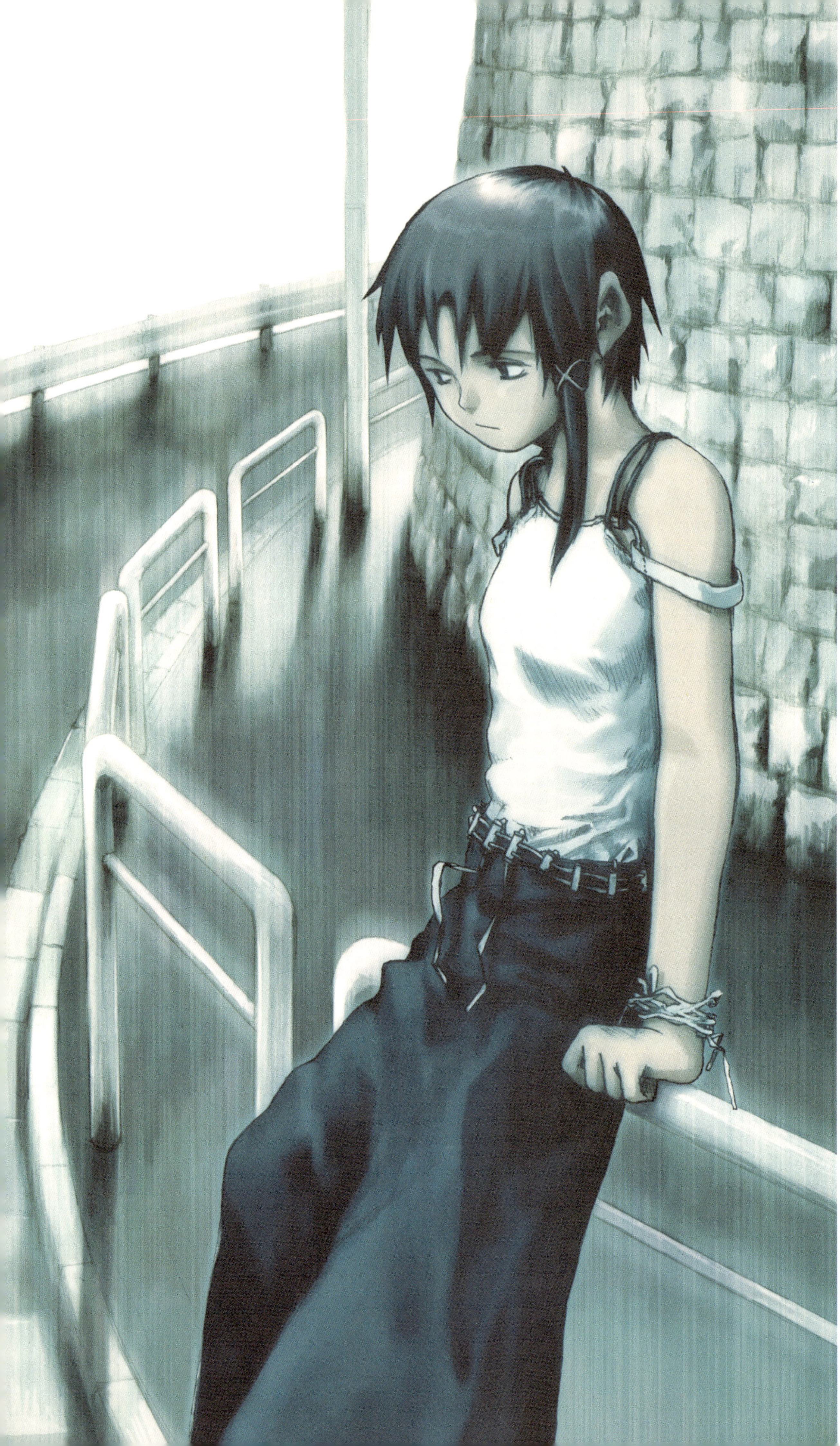

lif.01

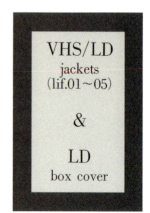

lif.02

02-a

01-b

01-a

lif.03

lif.04

lif.05

05-a

05-b

05-c

LD box

box-a

box-b

box-c

SOUND TRACK COVER (CD)

02

01

01’

03

03'

04

Hair cut
01-04

03

01

04

02

PRE-IMAGE

02

01

pre-image

05

03

04

06

09

08

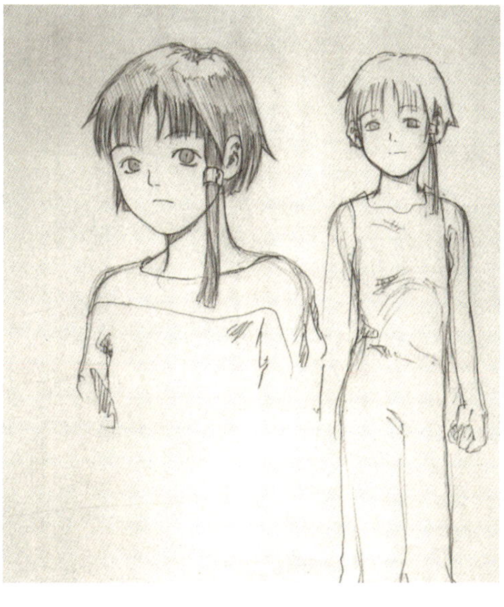

07

POSTERS & OTHERS

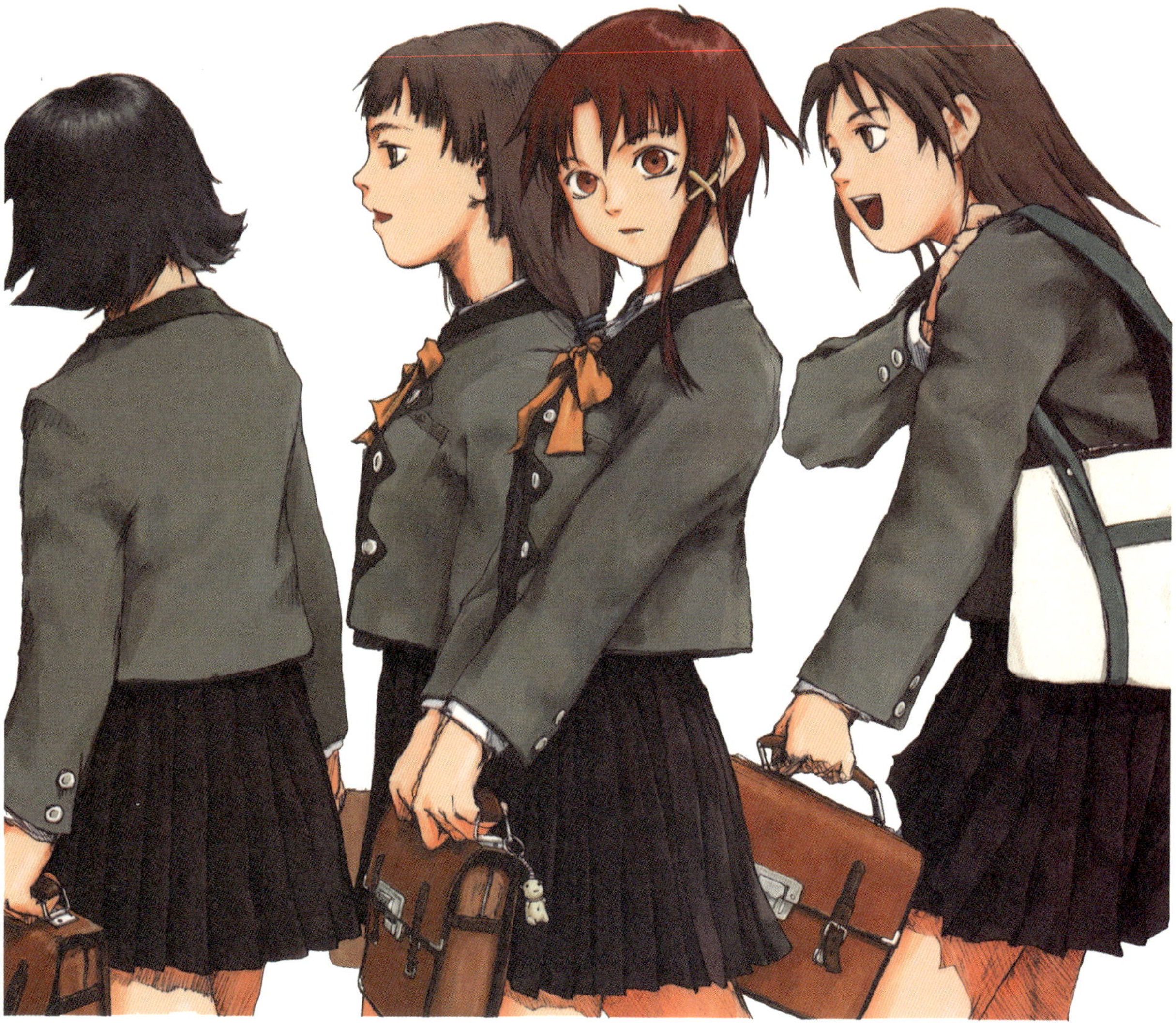

01

02’

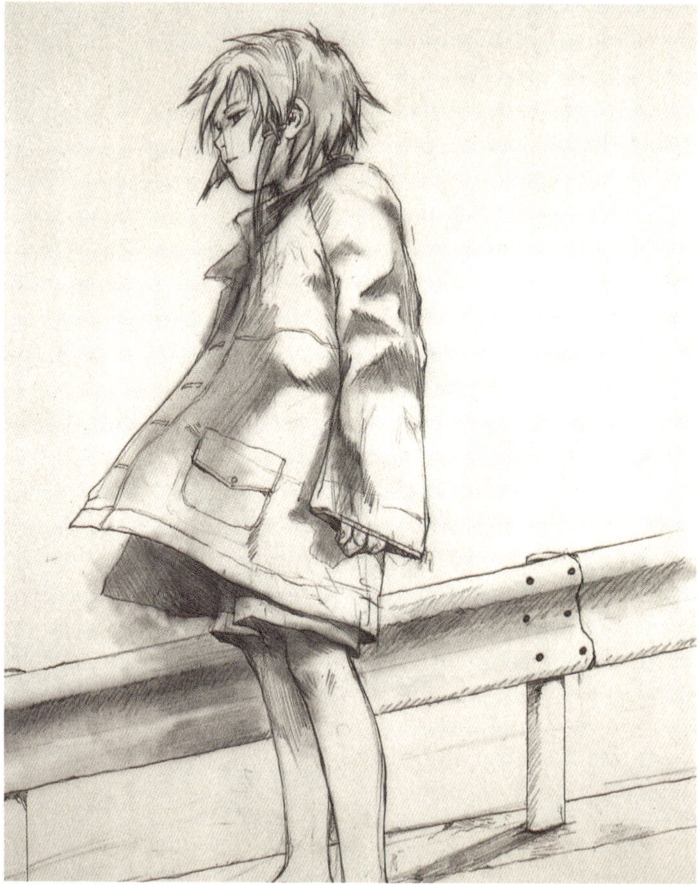

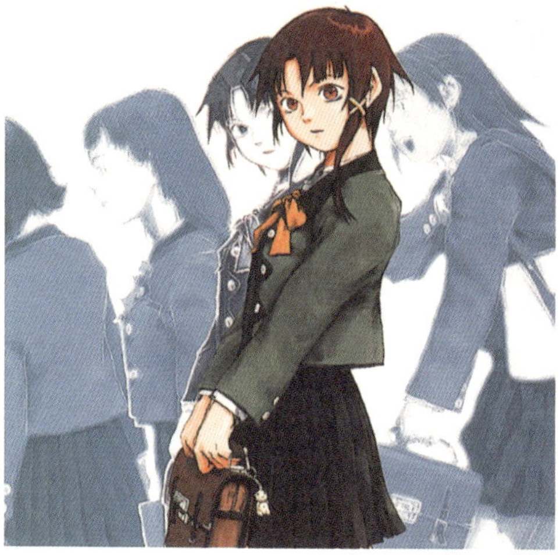

01’

01”

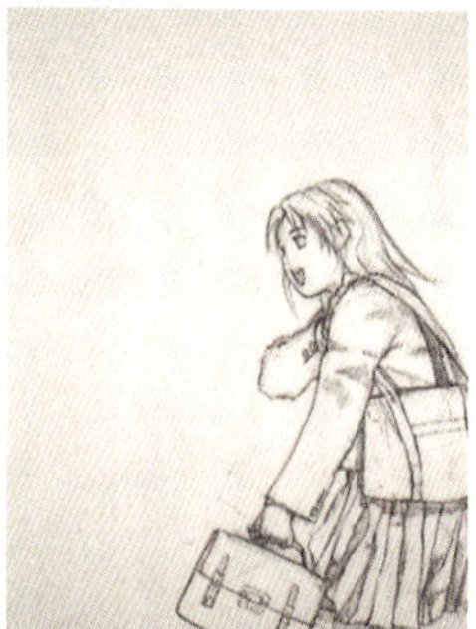

01”

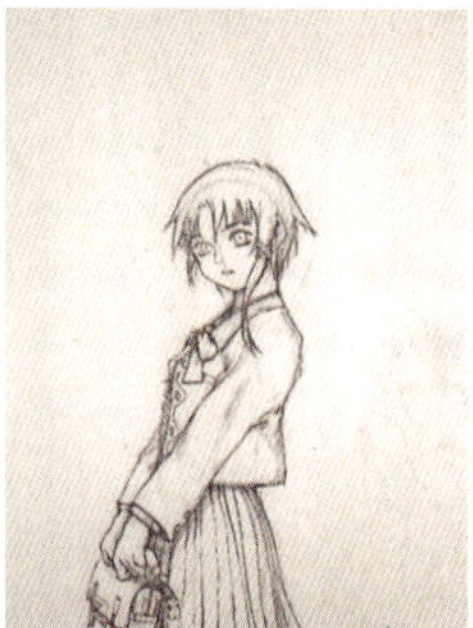

01”

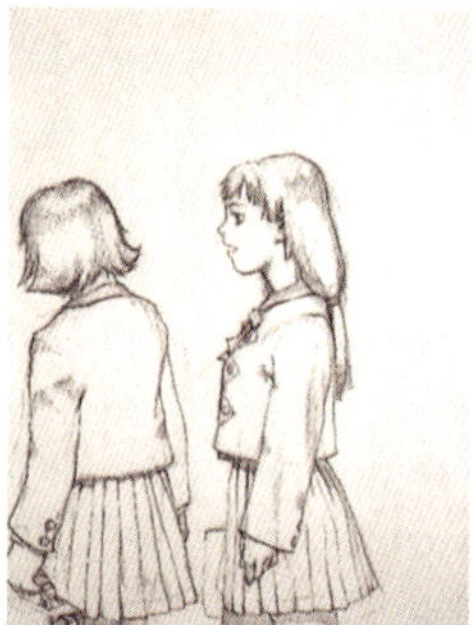

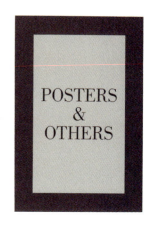

02

03'

03

05'

04

05

06'

06

06

07

03

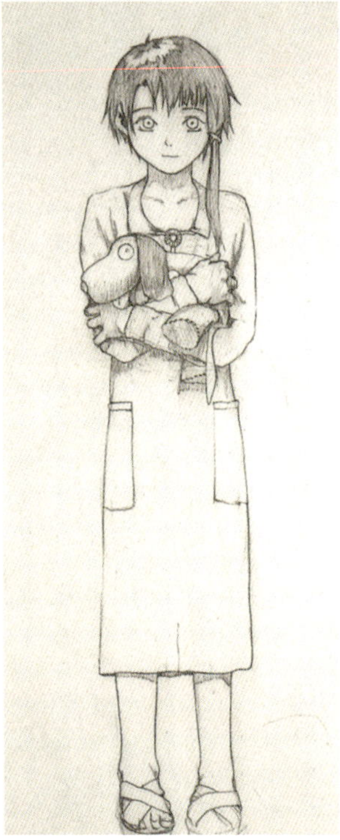

02

01

(dengeki)

(media art festival)

01

02

#08

#06

#05

#12

#11

#10

sub03

sub02

sub05

sub04

sub01

(weather break)

lain
for Play Station

COVER
&
lain's diary
(Lda)

cover

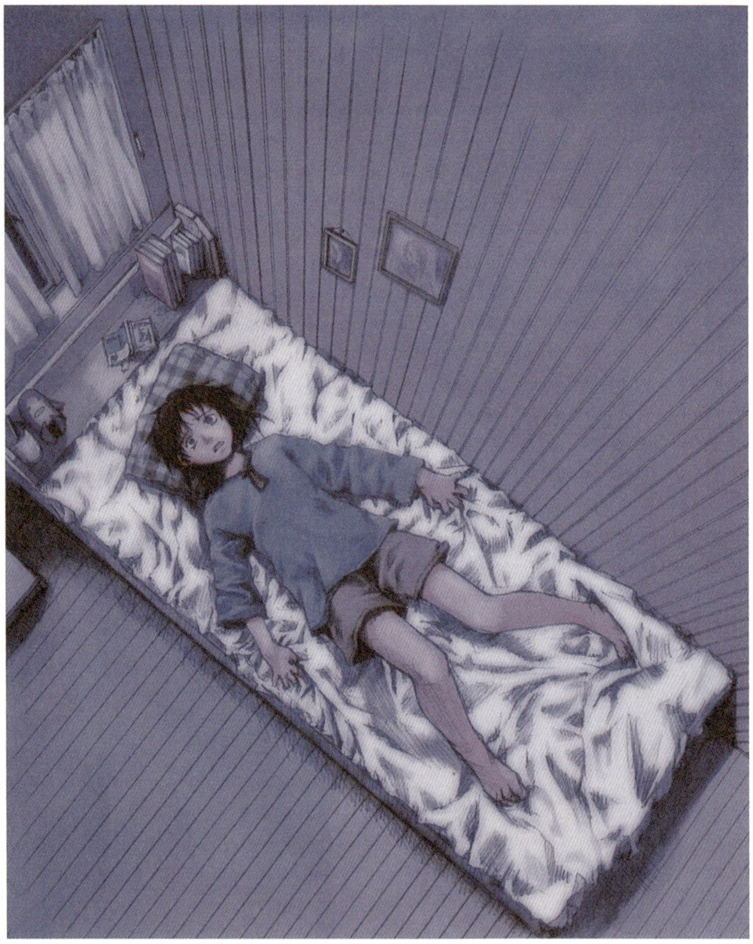

Lda003

Lda001

Lda006

Lda009

Lda007

Lda008

Lda010

Lda035

Lda011

Lda017

Lda×××

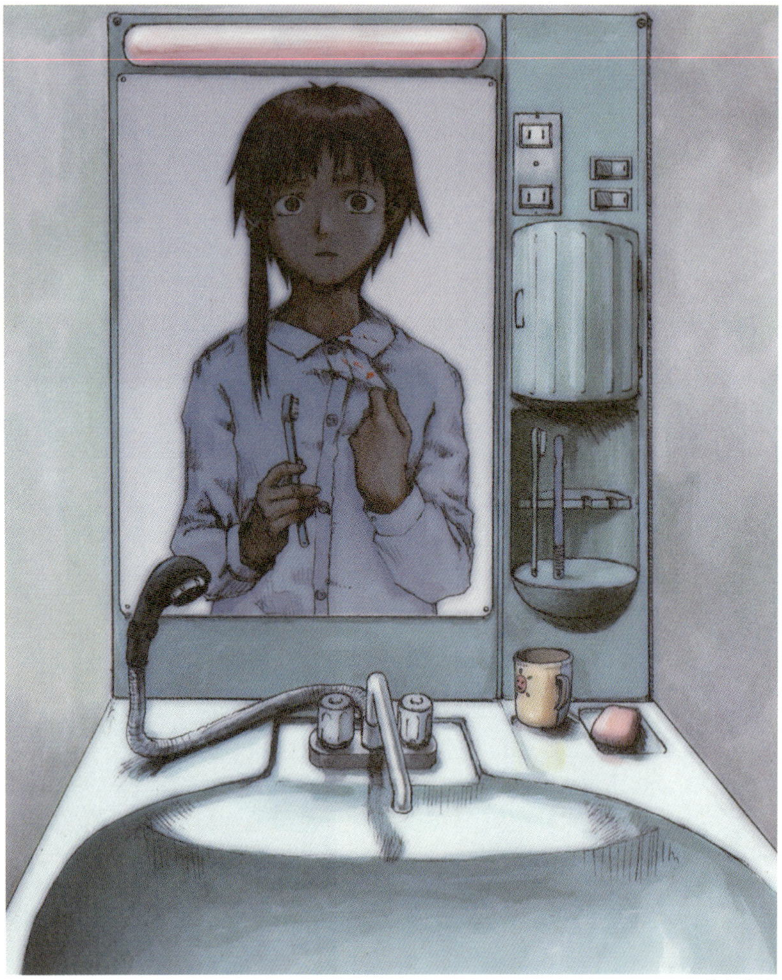

Lda046

Lda037

Lda049

Lda141

Lda060

Lda107

Lda123

Lda142

Lda144

Lda149'

Lda149

tohko's diary (Tda)

Tda012

Tda011

Tda031

Tda038

Tda044

Tda020

Tda029

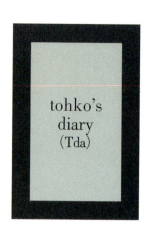

Tda055

Tda053

Tda052

(omake)

[[[激枯れ！　だめだめレインによる販売促進広告]]]

OTHERS
game

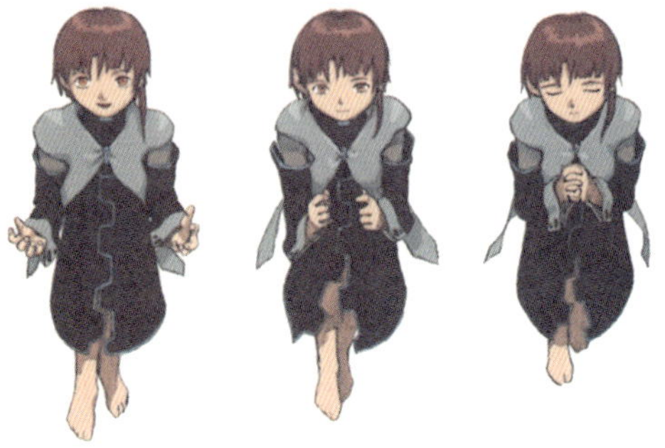

PERSONA 01

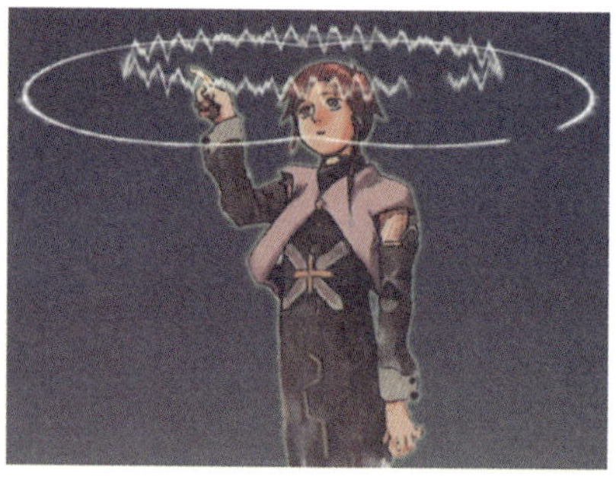

04

02

05

03

07

06

08

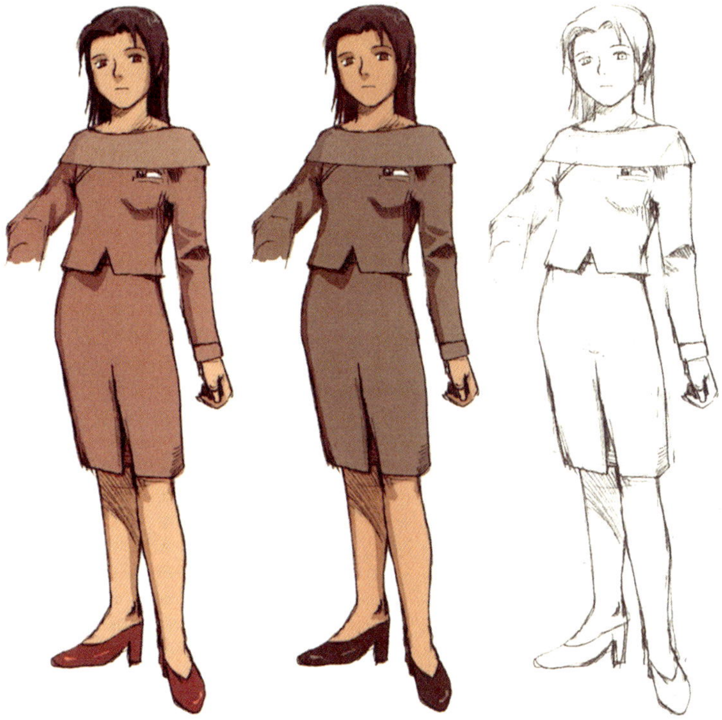

09

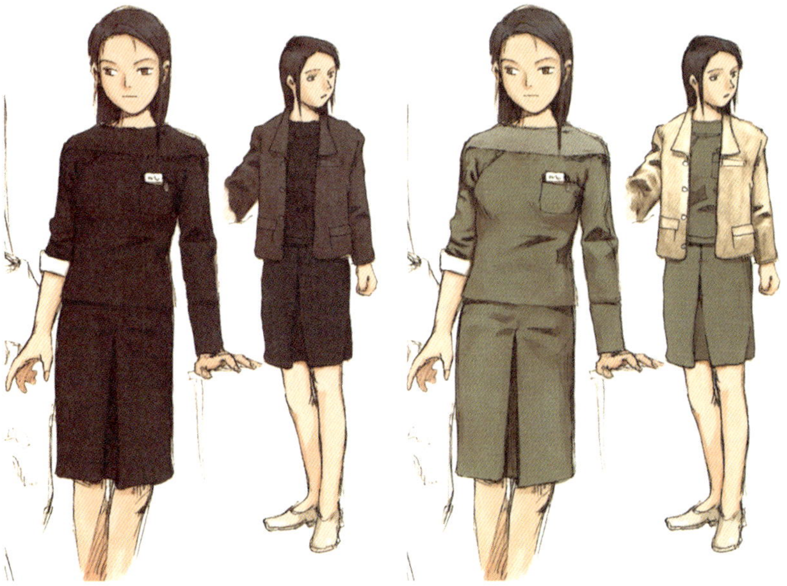

10

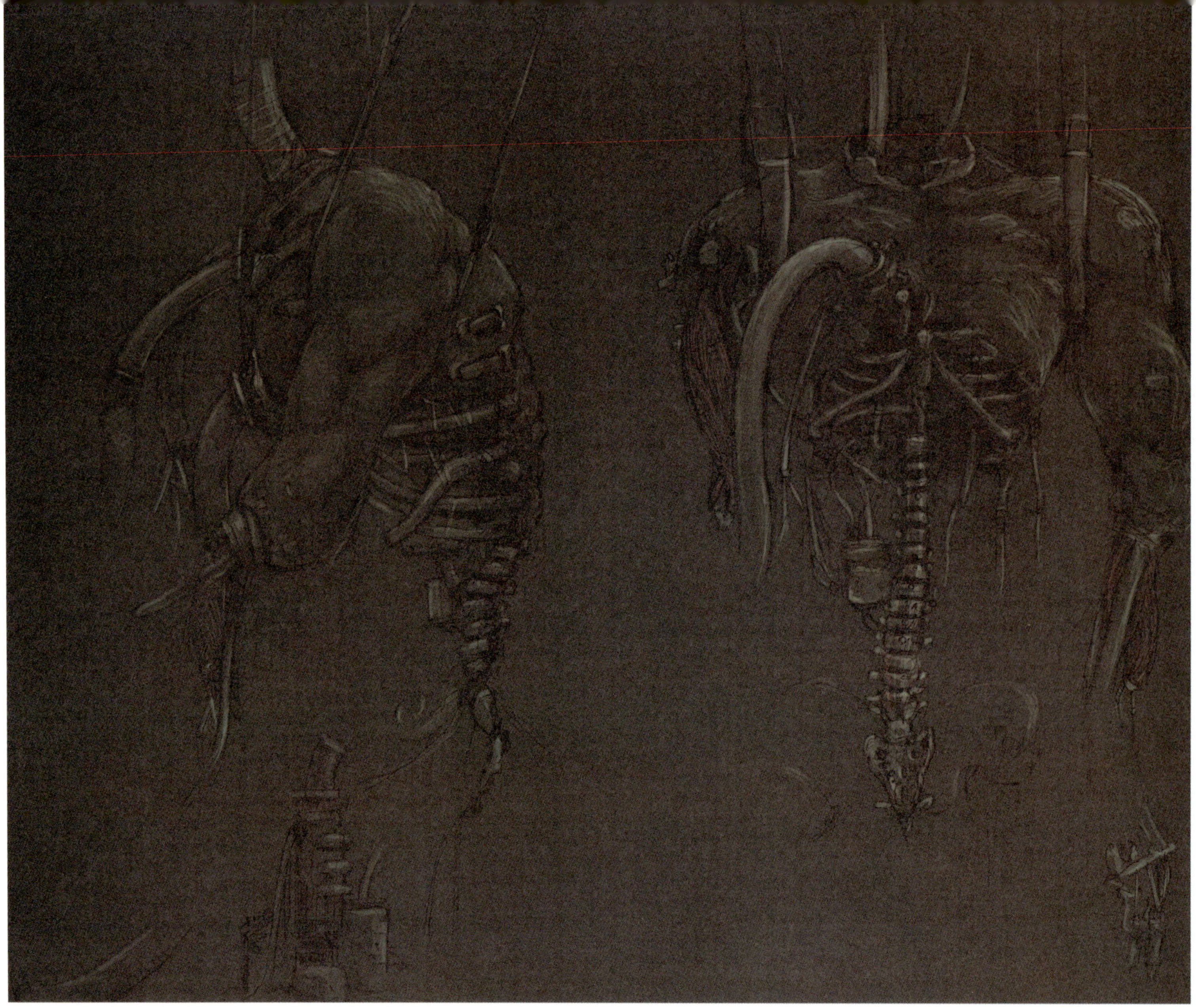

11

13

12

14

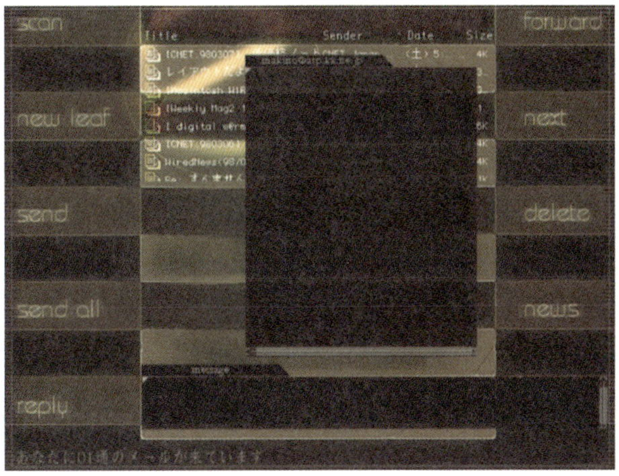
scan
Title
Sender
Date
Size
forward
new leaf
next
send
delete
send all
news
reply

15

serial experiments
lain
Thank You!!

16

the nightmare
of
fabrication

(DC1029)

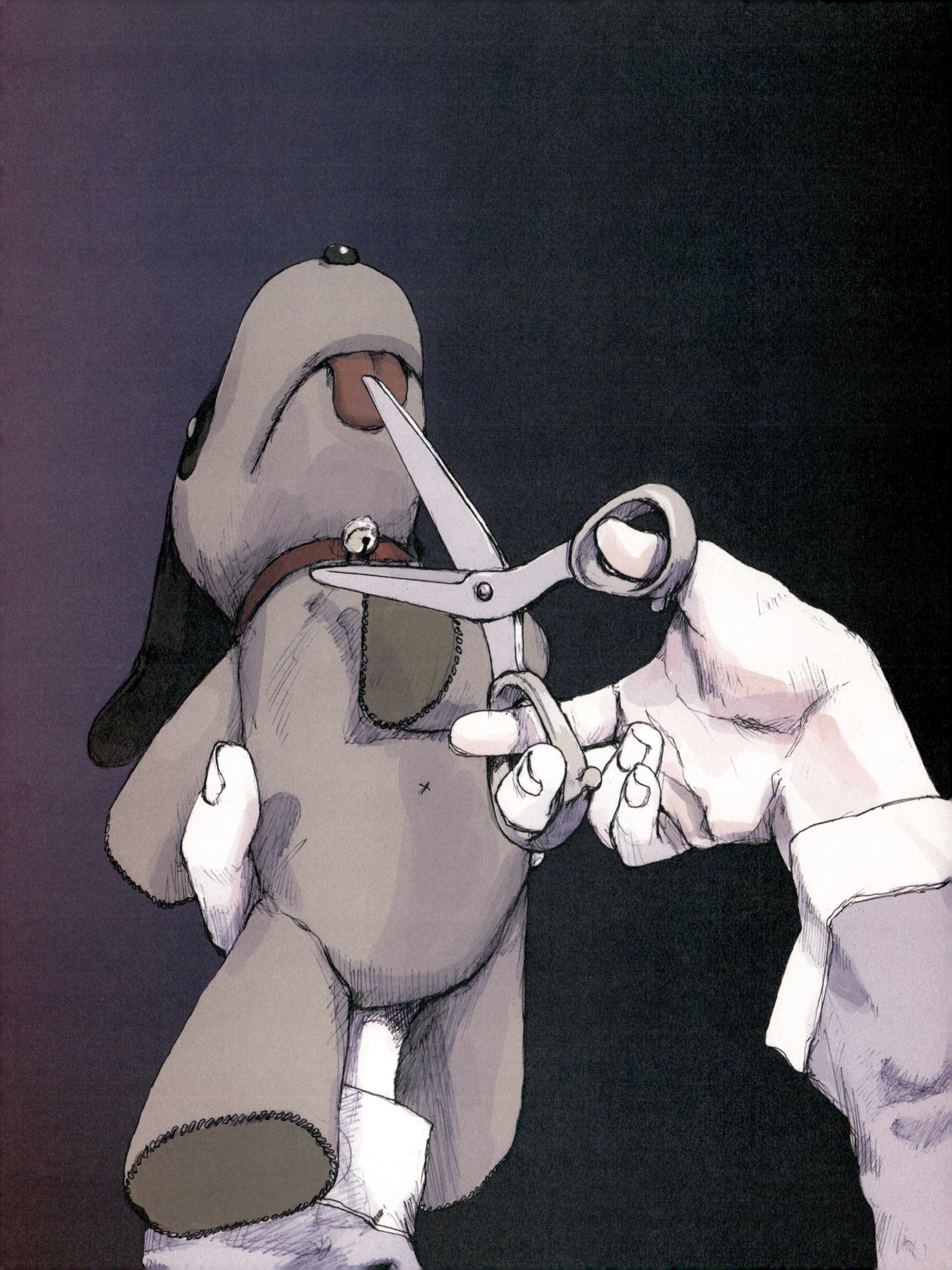

お話をしよう
誰とお話をしよう
柊子さん？
駄目だ
柊子さんはきっと心の底ではあたしの事を憎んでいるから
お父さん？お母さん？

お父さんの居場所を、お母さんは教えてくれない
……お母さんとはもう、話したくない
今日子ちゃん？友くん？
…みんな離れてしまった。
美里ちゃん
美里ちゃんは幻なんかじゃない!!
お家にも行ったし一緒にお買い物もしたし
…でも、美里ちゃんと買ったパステル、どこだろう
夢なんかじゃない!!
パステルの油のにおい、おぼえてるもの

でもあれは、いつのことだったろう?
どうしてみんな、美里ちゃんの事知らないって言うんだろう
あたしの記憶は繋がってない?
この傷の事だって憶えてないし…
あたしは……繋がってない
切れてゆく——私をこの場所に繋いでいた糸が切れてゆく——
繋がらなければ誰かと繋がらなければ
みんな切れてしまったら、あたしはきっと消えてしまう
ごめんね

thing you don't remember is the thing that didn't exist.
// Rewrite the record.
カカカカ
ザァァァァー
…待っててね
…あと…
少し…
だ…から…

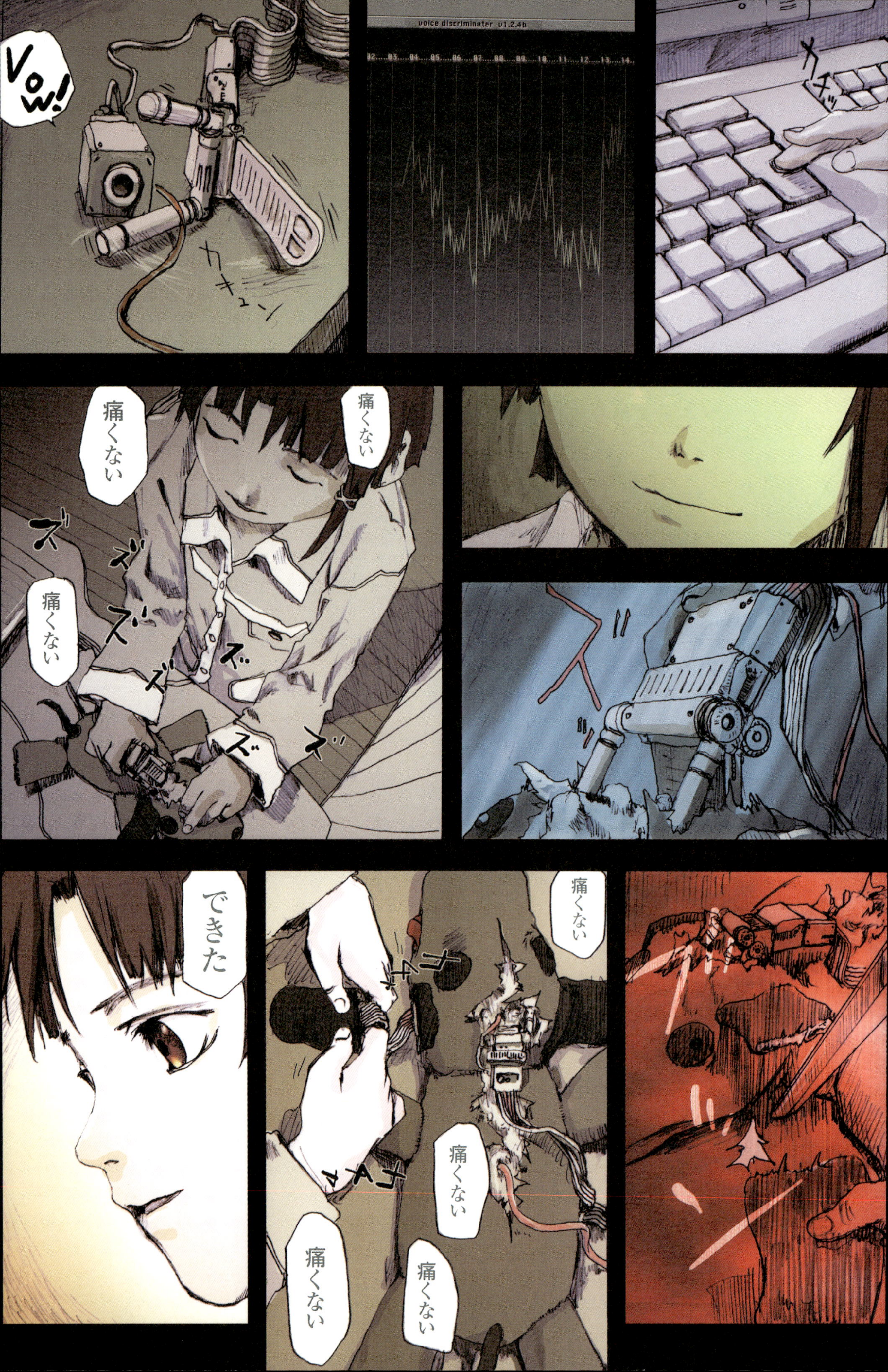
カチッ
voice discriminater v1.2.4b
Vow!
カキューン
ズ
痛くない
痛くない
痛くない
痛くない
痛くない
痛くない
痛くない
できた

ビケちゃん
カキュン
VOW!
ビケちゃん
VOW!
うわあっ!!
ビケちゃん
カキュン
VOW!
ビケちゃん
カキュン
VOW!
ビケちゃん

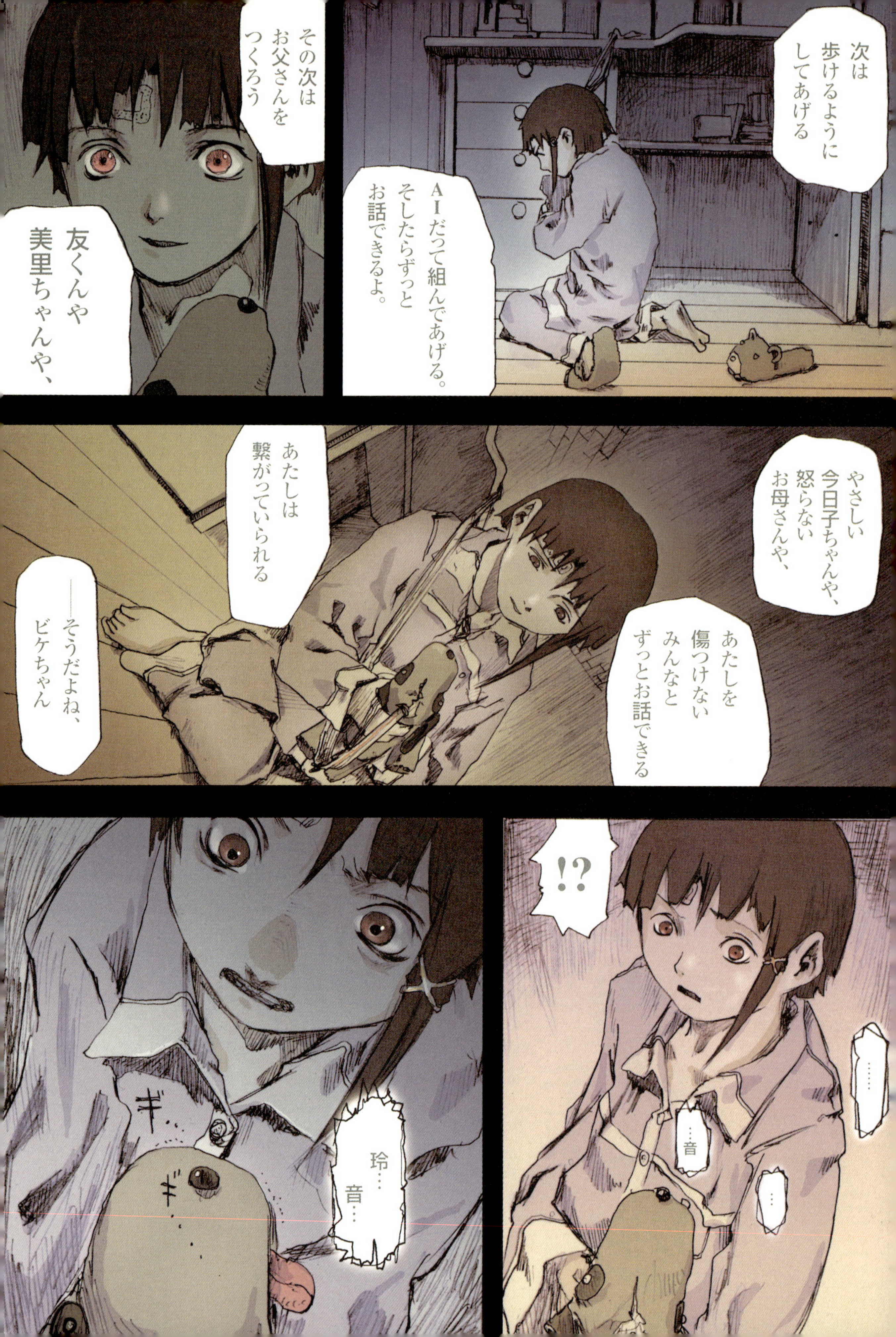

次は歩けるようにしてあげる
AIだって組んであげる。そしたらずっとお話できるよ。
その次はお父さんをつくろう
友くんや美里ちゃんや、
やさしい今日子ちゃんや、怒らないお母さんや、
あたしを傷つけないみんなとずっとお話できる
あたしは繋がっていられる
——そうだよね、ビケちゃん
!?
……
…音
…
ギ…
ギ
玲…音…

……!!
ビケちゃん!!!

あ…
あ…
ビケちゃん
ごめんね
ごめんね
――
玲音
だれ!?
玲音…
人形が壊れて悲しいかい？
生き返ってほしいかい？
そんな事できるの？
もちろん
――うん

壊れたものは
戻らない
死者は生き返らない
僕はこの世界のそういう
ルールに拘束されない
より高い階層から
君に語りかけている
神様なの？
そう呼んで
くれてもいい
ホラ、
手を出してごらん

これ——……
今からそれがオリジナルだ
壊れたヤツは明日こっそり処分すればいい
君が人形を殺した事は誰も知らない。知られていない事実は存在しないのと同じだ
そ、そんな事ないよ
あたしのビケちゃんは世界中でひとつしかないもの
身代わりをもらったってあたしのビケちゃんが生き返るわけないじゃない

そんなルール破ってしまえばいい
でも
そうすれば人形は生き返る
生き返った事にしてしまえるんだよ
そんなのウソだよ！あたしは覚えてるもの！みんなが知らなくてもあたしは憶えてるもの!!
だったらその記憶も書き換えてしまえばいい
君が事実だと思っている事は、君の記憶の中にしか存在しないのだから
そんなに怖がらなくていい
もう何度も繰り返している事だから
ウソ……
それを確認する手段は君にはない
でも自覚はあるだろう
カタ
カタ
カタ

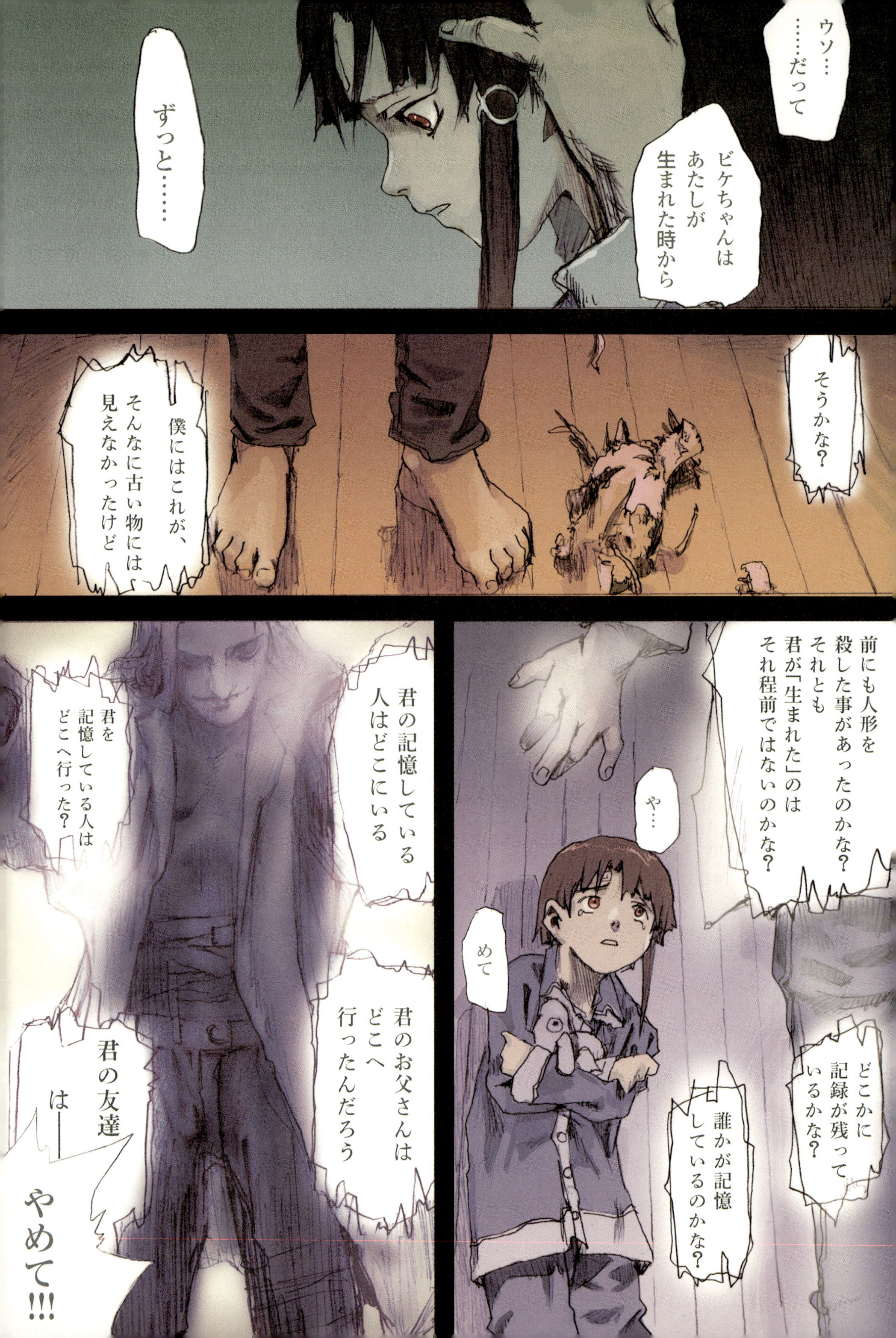
ウソ…
……だって
ビケちゃんはあたしが生まれた時から
ずっと……
そうかな？
僕にはこれが、そんなに古い物には見えなかったけど
前にも人形を殺した事があったのかな？それとも君が「生まれた」のはそれ程前ではないのかな？
や…
めて
どこかに記録が残っているかな？
誰かが記憶しているのかな？
君の記憶している人はどこにいる
君を記憶している人はどこへ行った？
君のお父さんはどこへ行ったんだろう
君の友達は——
やめて!!!

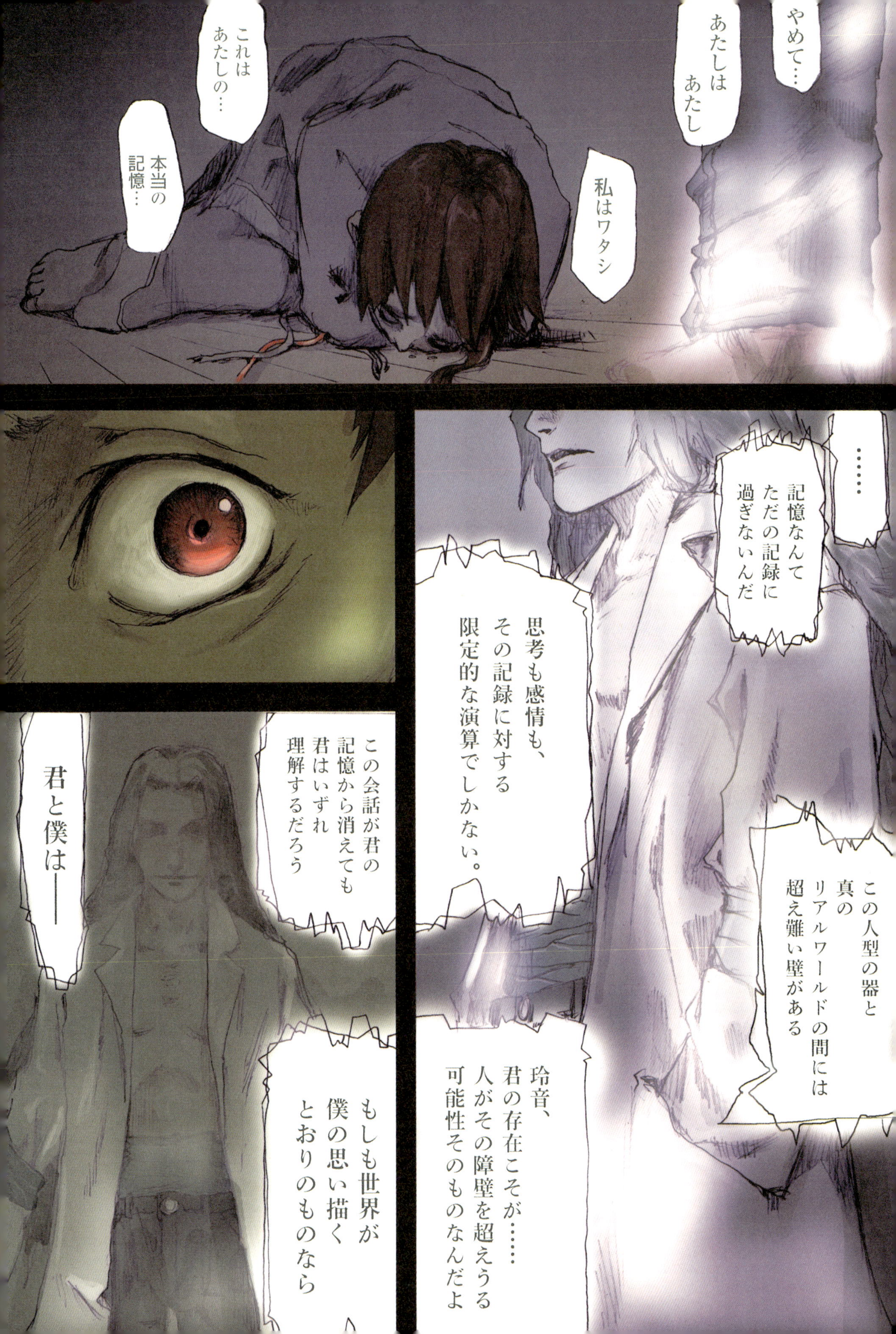

やめて…
あたしは
あたし
私はワタシ
これは
あたしの…
本当の
記憶…
……
記憶なんて
ただの記録に
過ぎないんだ
思考も感情も、
その記録に対する
限定的な演算でしかない。
この人型の器と
真の
リアルワールドの間には
超え難い壁がある
玲音、
君の存在こそが……
人がその障壁を超えうる
可能性そのものなんだよ
この会話が君の
記憶から消えても
君はいずれ
理解するだろう
君と僕は——
もしも世界が
僕の思い描く
とおりのものなら

……
夢…？
――ビケちゃん？
あっ

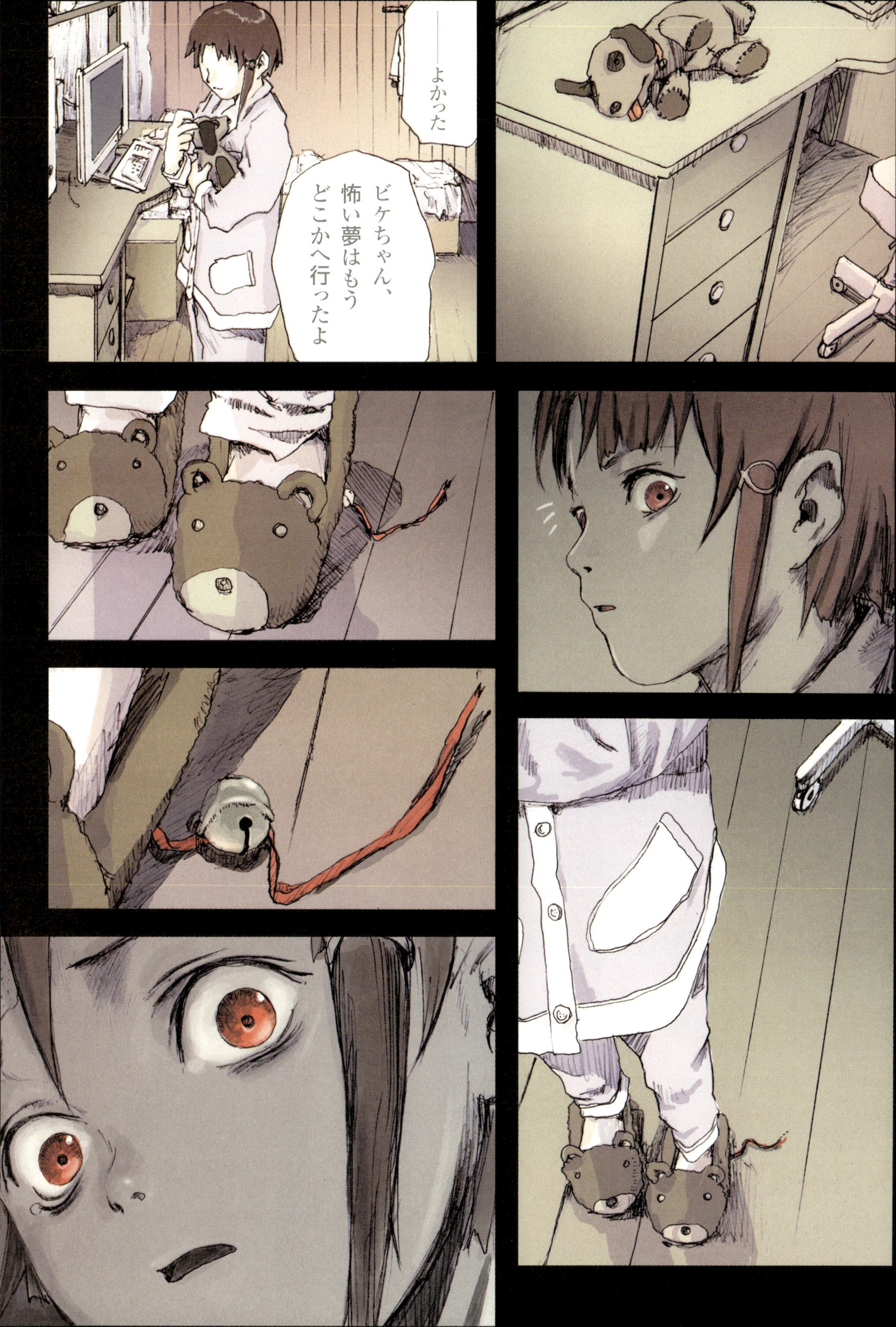
――よかった
ビケちゃん、怖い夢はもうどこかへ行ったよ

切れた鈴が
なぜそこにあるのか、
私には理解できなかった。

夢の記憶はあまりに
恐ろしいものだったので、
思い出すのはやめた

怖い夢が
よみがえらないように、
切れた鈴はこっそり
庭のブランコの傍に埋めた。

その事は誰も知らない

誰も知らないことは存在
しないのと同じ

だからあたしの記憶も
こっそり書きかえて
しまおう

怖い夢は埋めてしまった

だからもうそれは
存在しない。

[EOF]

Sketches
(monochrome)

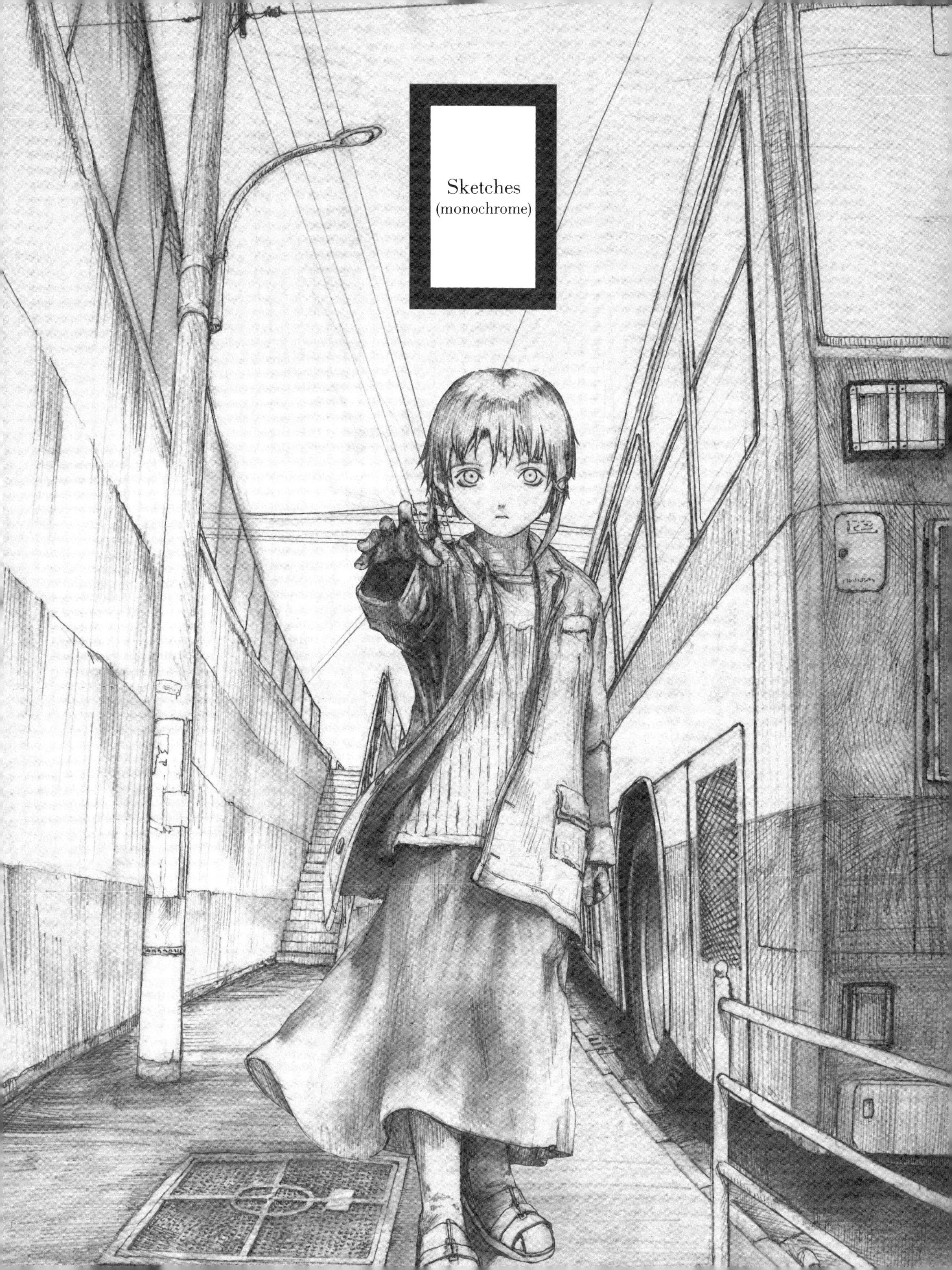

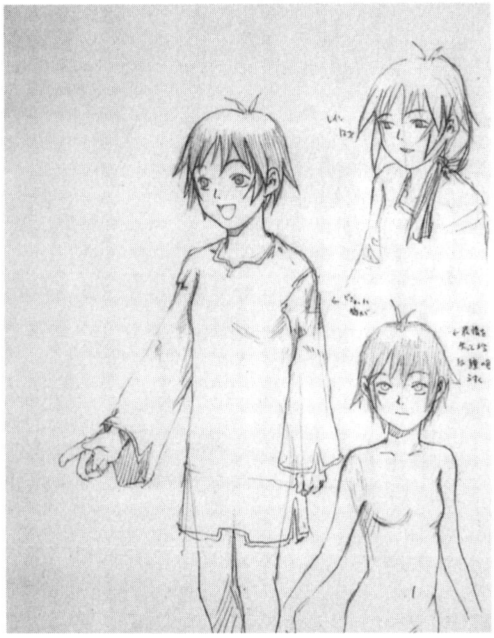

01
AGE

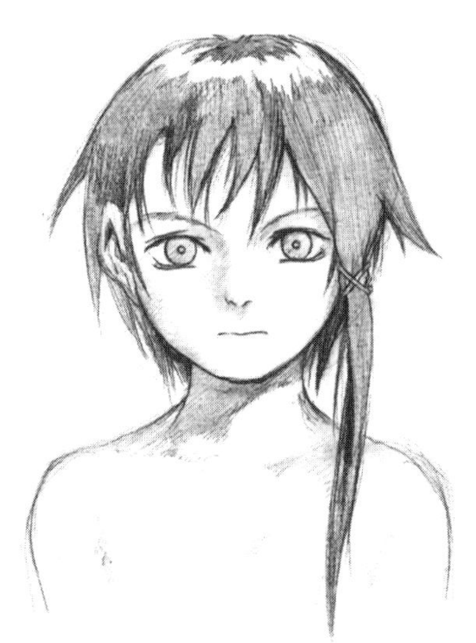

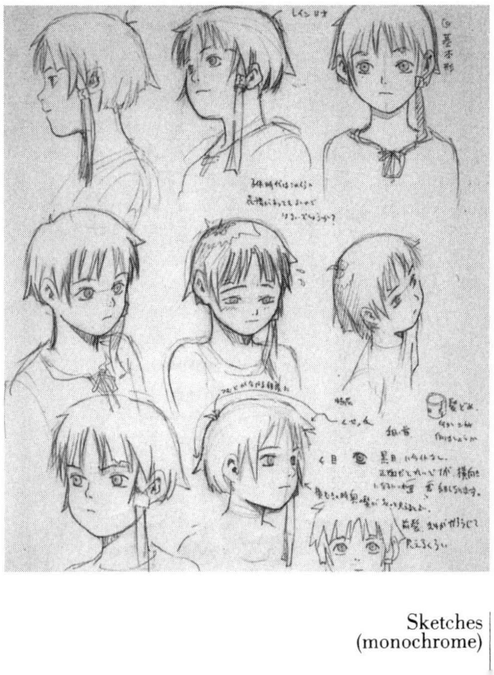

02
HAIRSTYLE

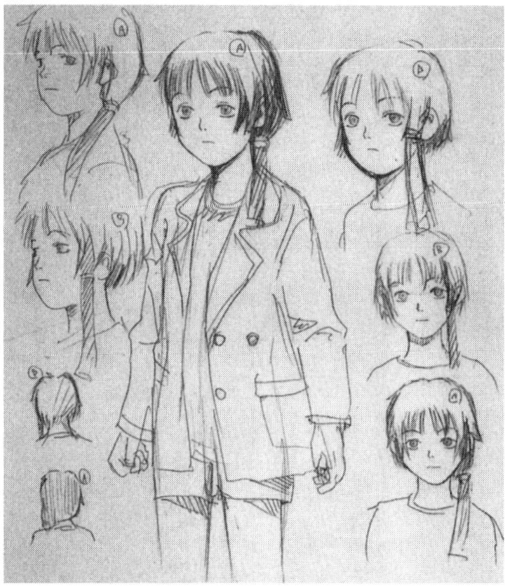

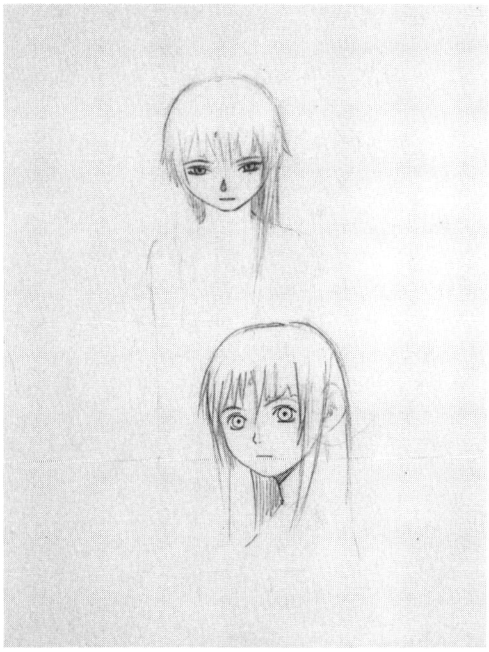

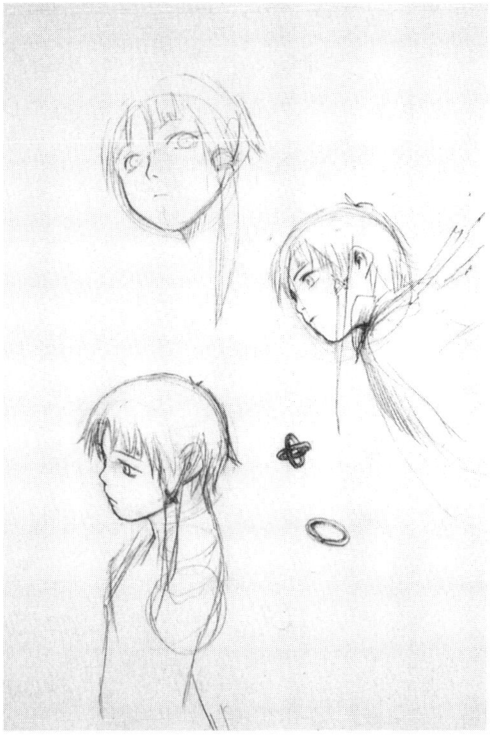

03 lain OS interface

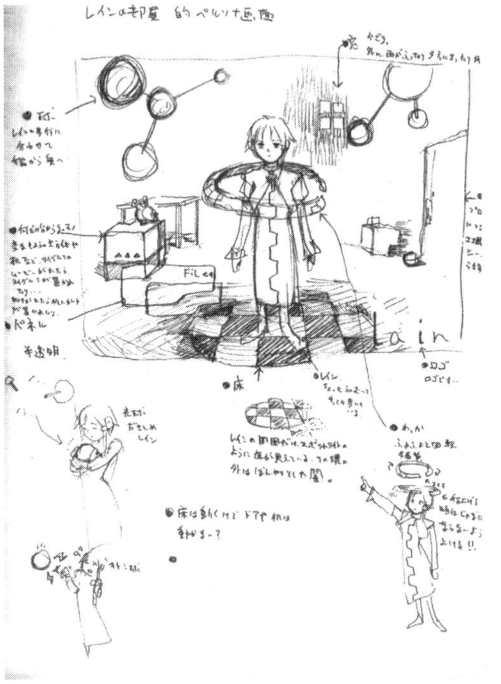

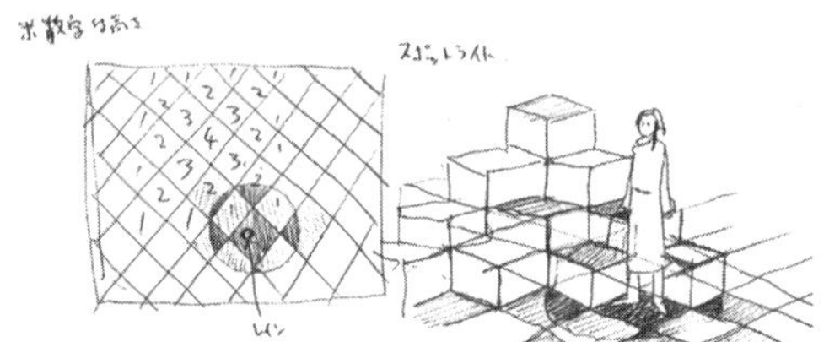

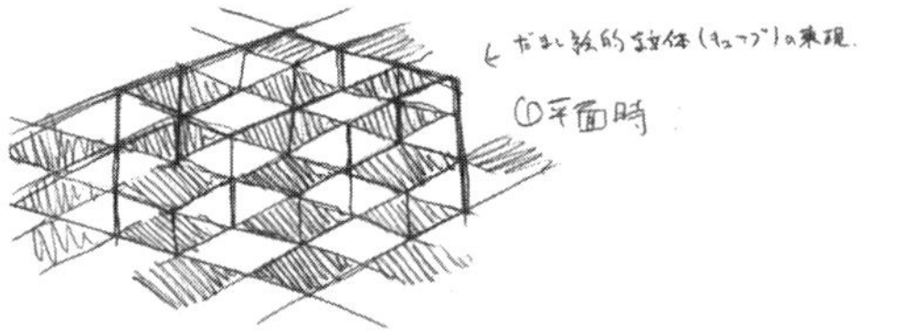

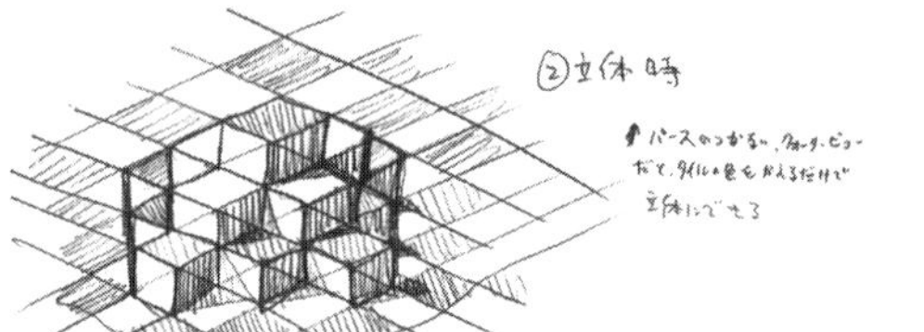

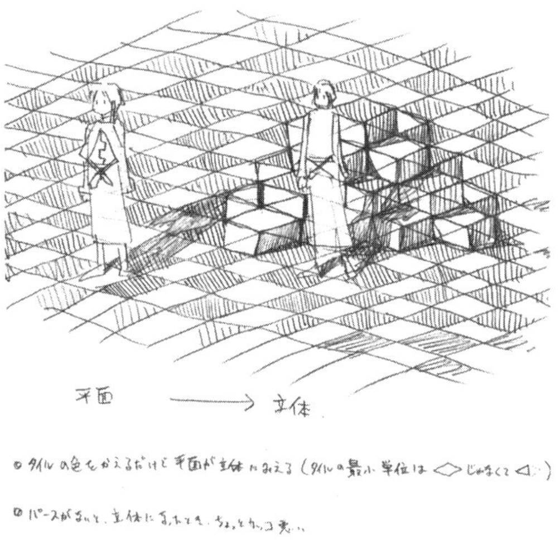
平面 → 立体
◎タイルの色をかえるだけで平面が立体にみえる（タイルの最小単位は◇じゃなくて◁…）

送料 300円

キューブ…画面中央にピラミッド的に積まれている
する（移動は水平方向のみ）
だまし絵風

04 PERSONA

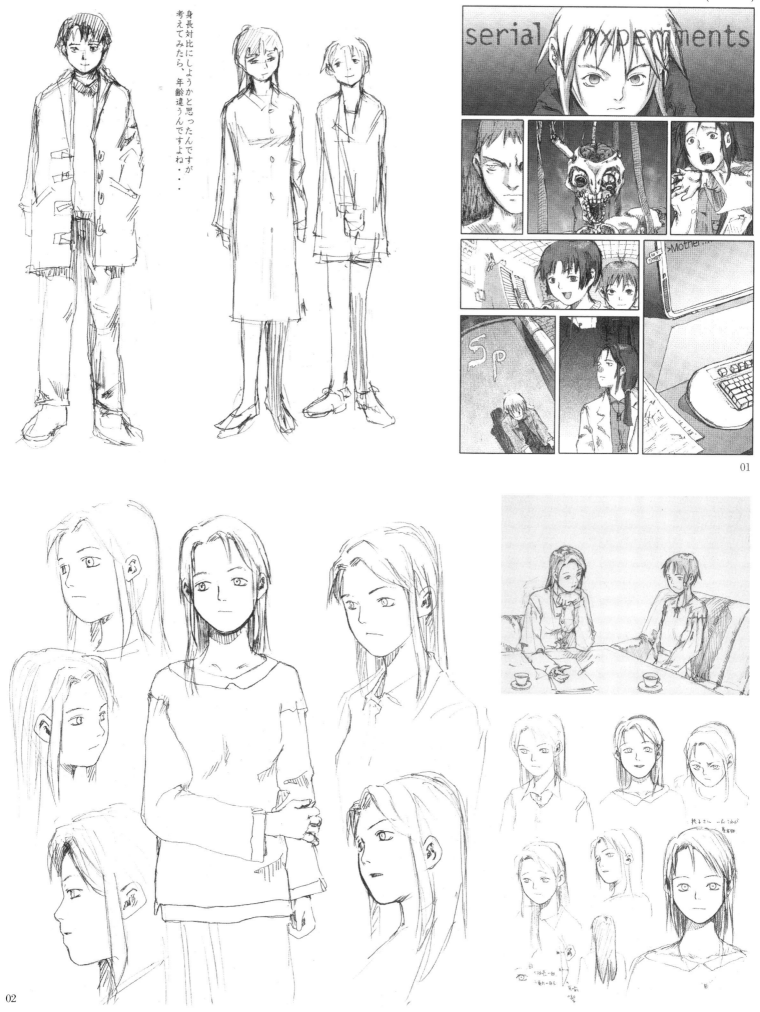

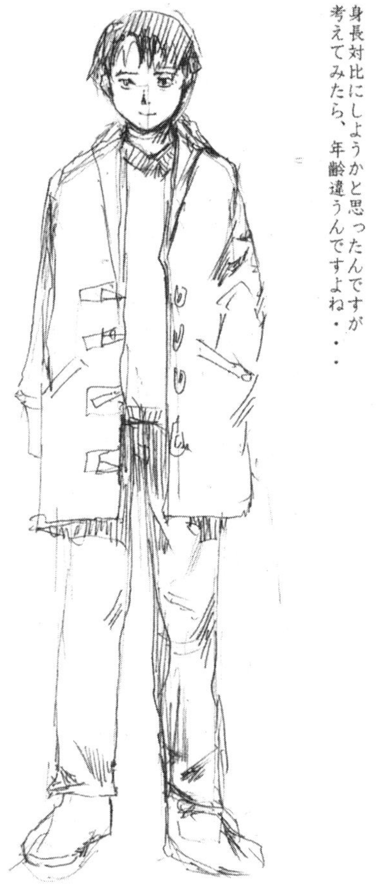

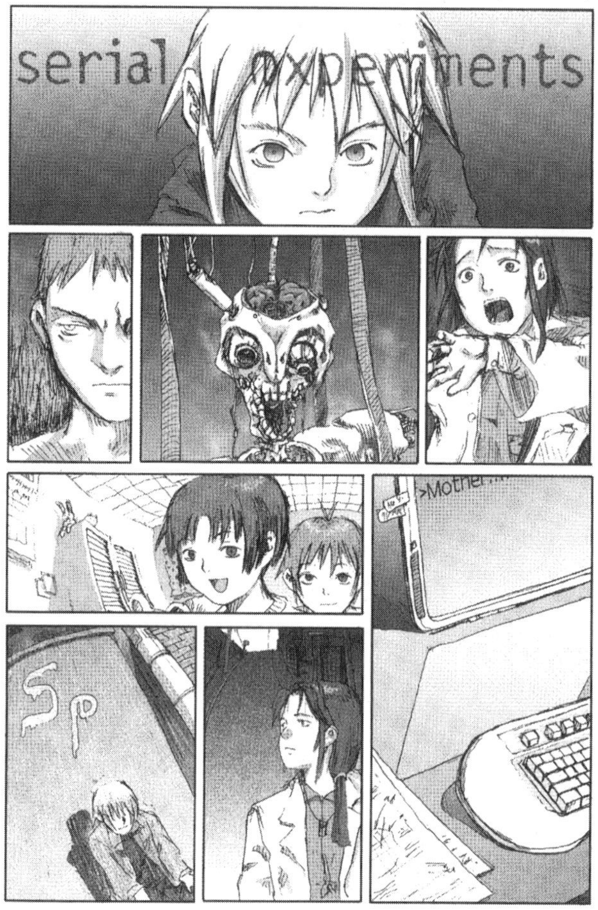

01

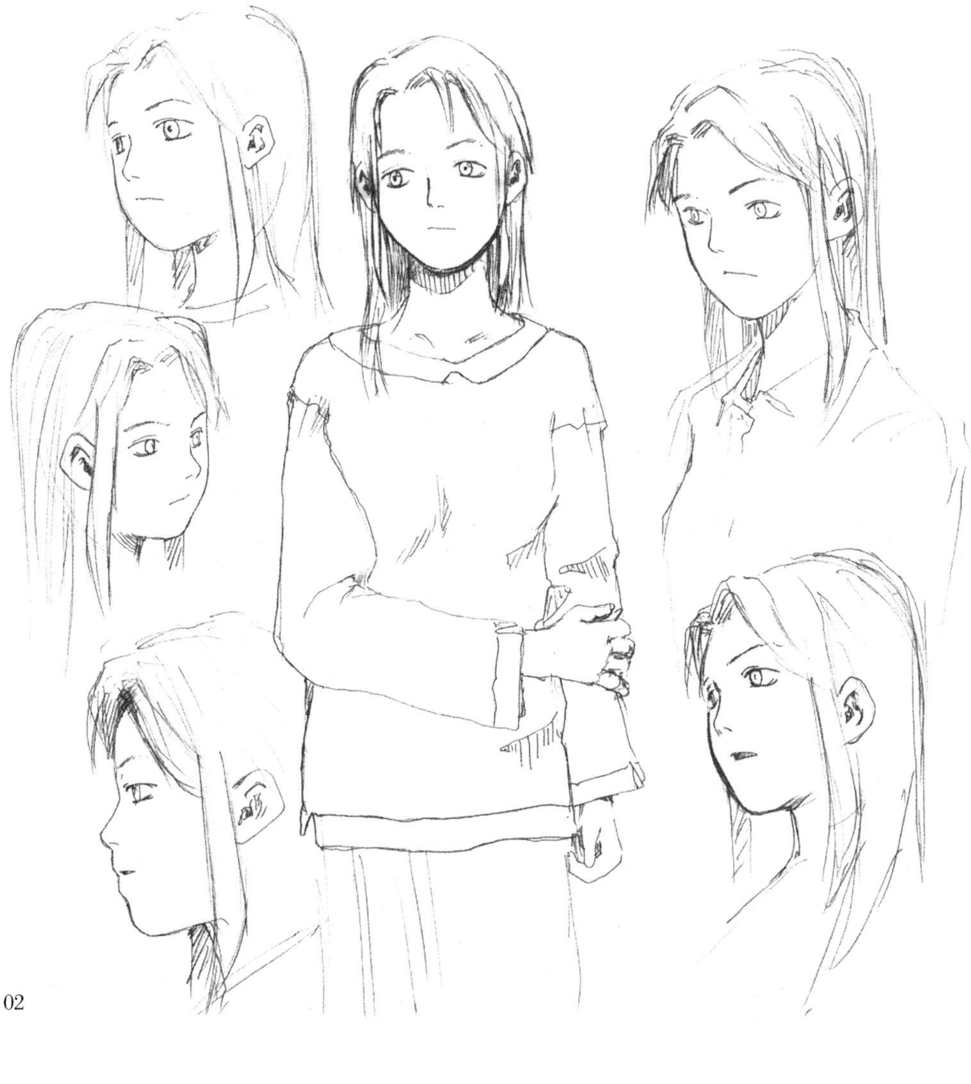

02

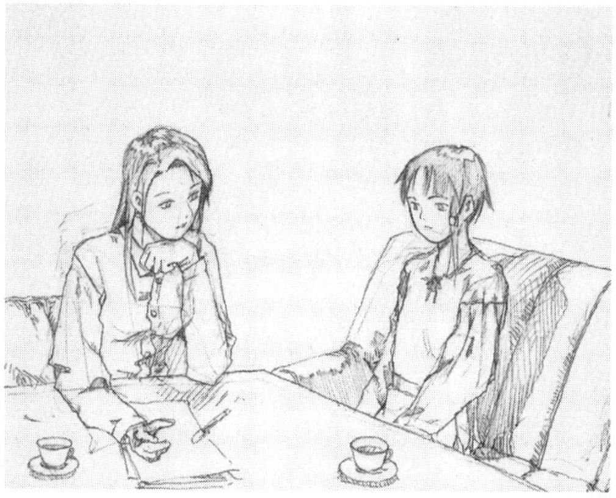

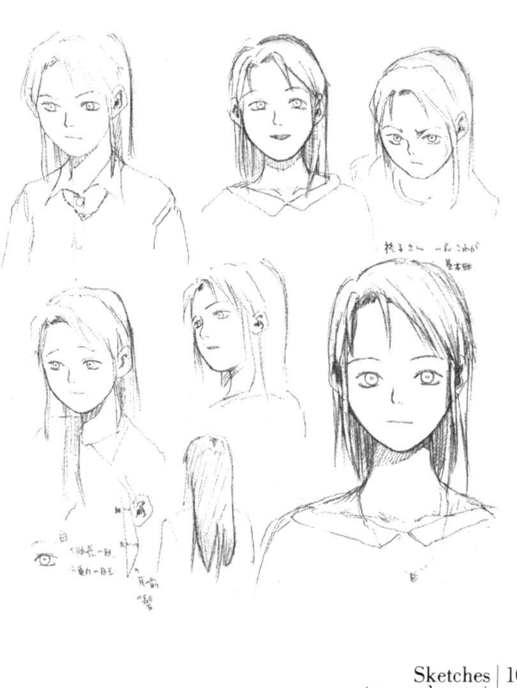

転校しちゃう男の子
友君　案
帽子はちょっとあれか・・・(;_;)
いや、キャラ的に地味だったモンで・・・

04

美里その2
このまぶたの線のせいでなにしてても困ってるみたいに見える!

03

05

薄暗い室内。
カウンセラー室の椅子に座ってうつむいているレイン。顔は見えない。
時計のような、規則的なクリック音。
それに合わせるかのように指先がわずかに動いている。

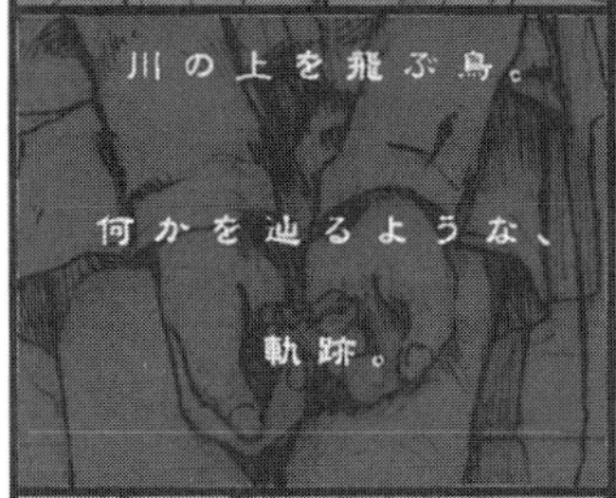

手のアップ。
文字合成。一行ずつ。
『川の～』と『何かを～』で表示を2回に分けてもよい。

鮮やかな青。川面に映る鳥の影。
カメラ影に固定。
高速で流れる背景。
一瞬のカット。

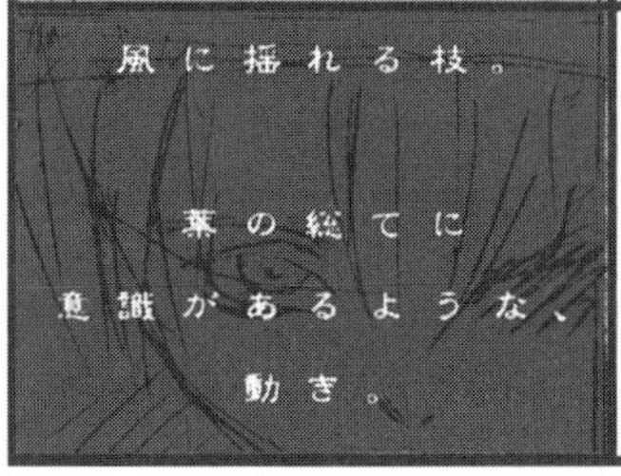

レインの顔のアップ。閉じている目。
カメラの絞りのような機械的な動きで瞼が開き、瞳孔がくっとすぼまる。
文字合成。

階段アップ。同じタイミングで動く

→「ねえ、知ってる？」

「
→「みんな操られてるんだよ」

lain
serial experiment

社名ロゴ、など

空にゆれる木

アップ。うごめく葉。スローモーションぽく

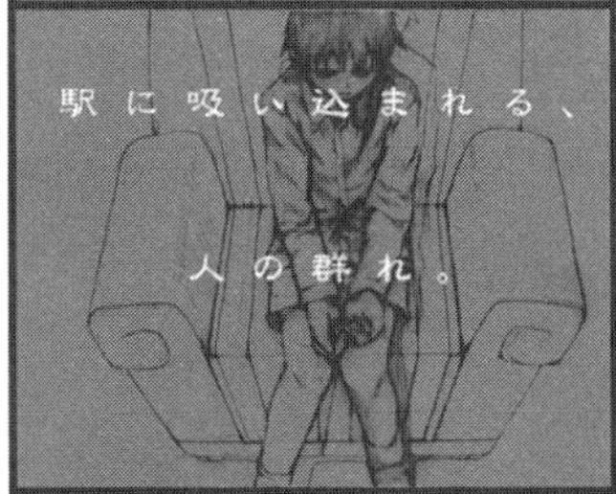

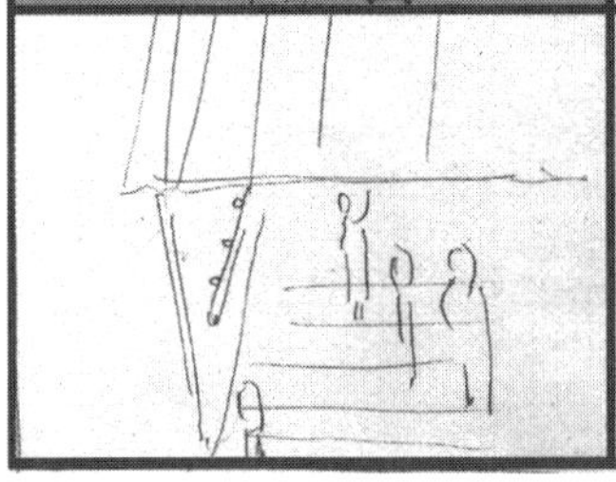

階段を登る人。
夕方。もっと密集していてもよい。

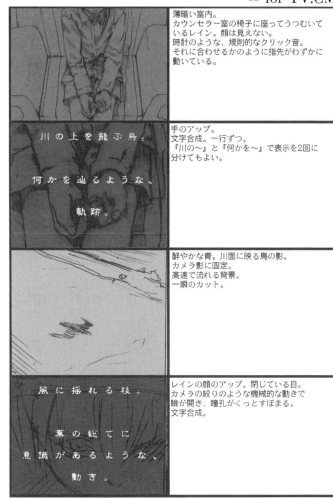

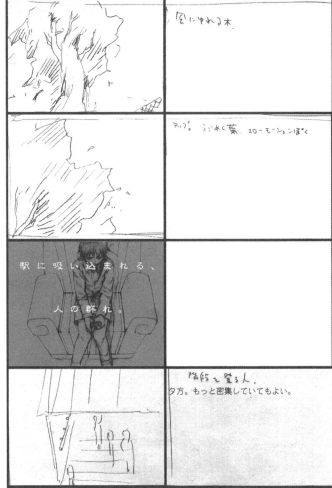

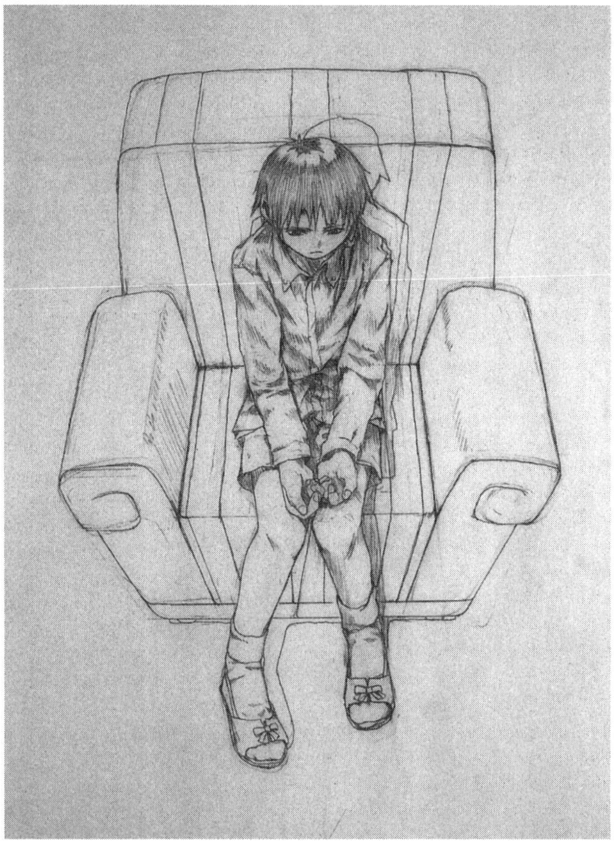

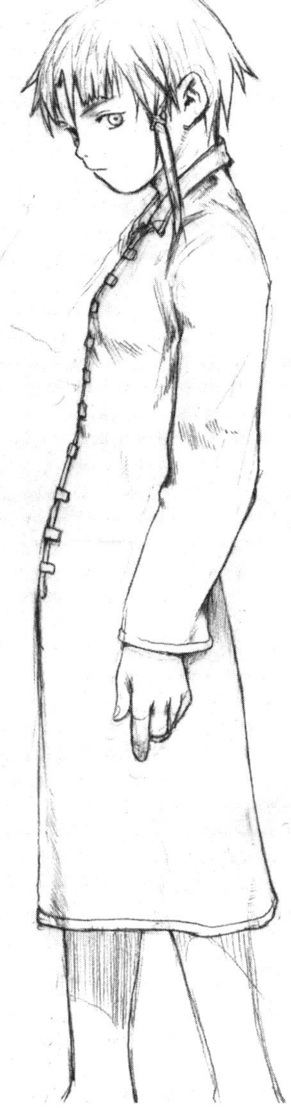

PSYCHE

KIDS ?

プシューケー案
真ん中と四隅が欠けているデザインです。4カ所のバーのようなものは
maxpower G3のチップについているシール状のもの（冷却用？）がネタ
ですが、占いの、計、みたいな印象になるといいかなと思います。
（今調べたら計は3本でした。ありゅりゅ）

02

01

Accela(&Knights Mark)

111 | Sketches
(monochrome)

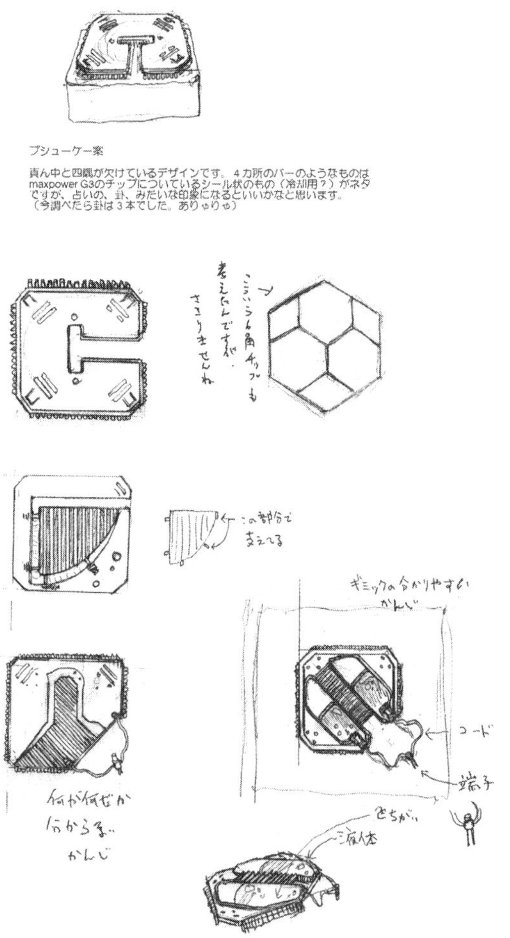

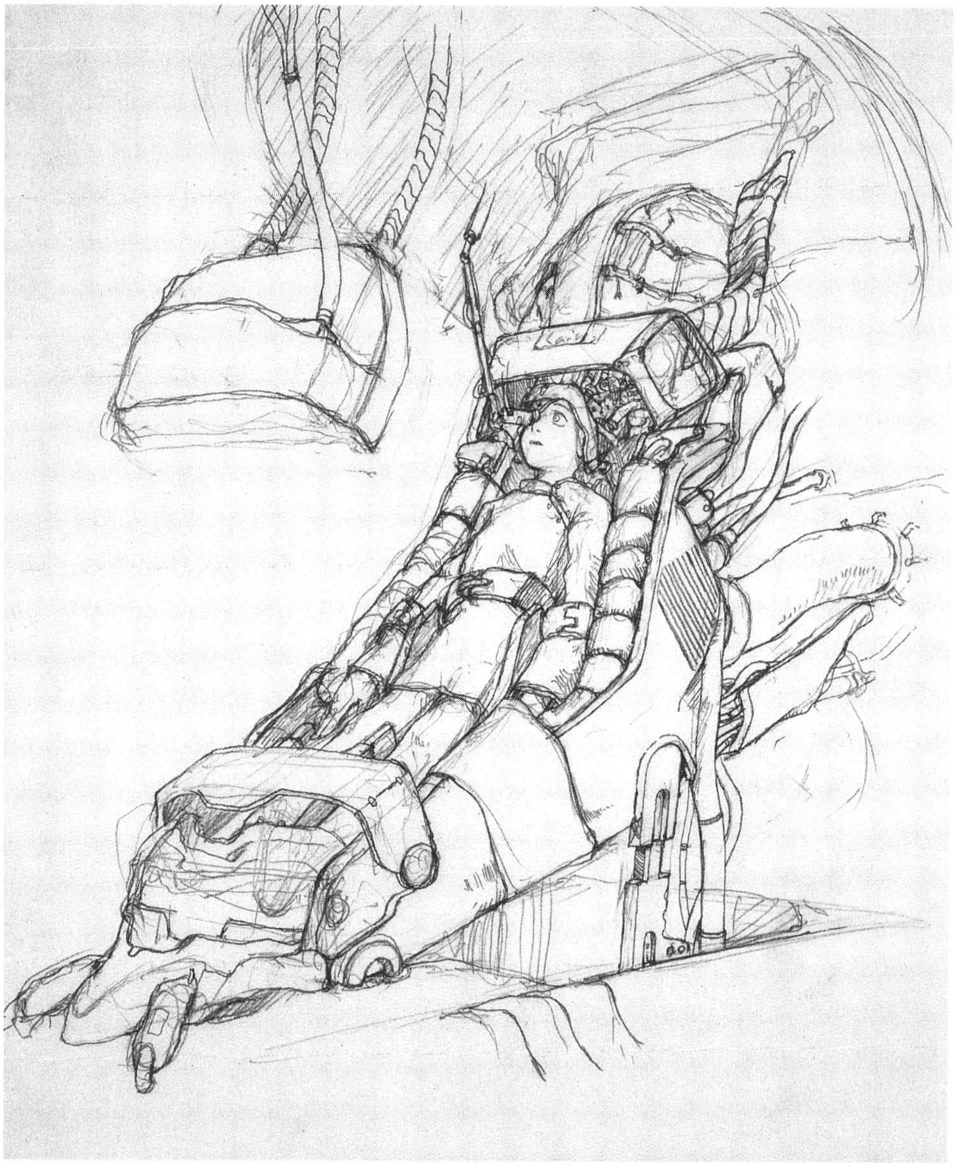

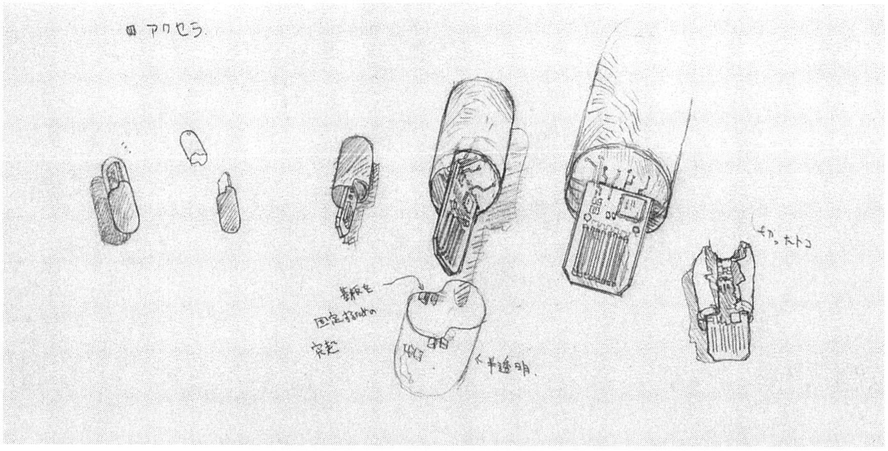

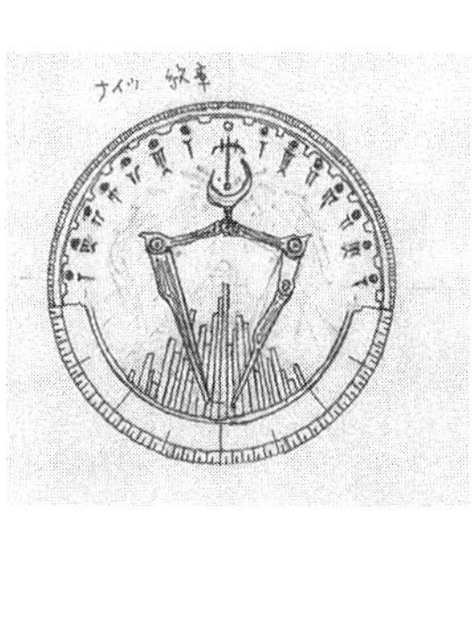

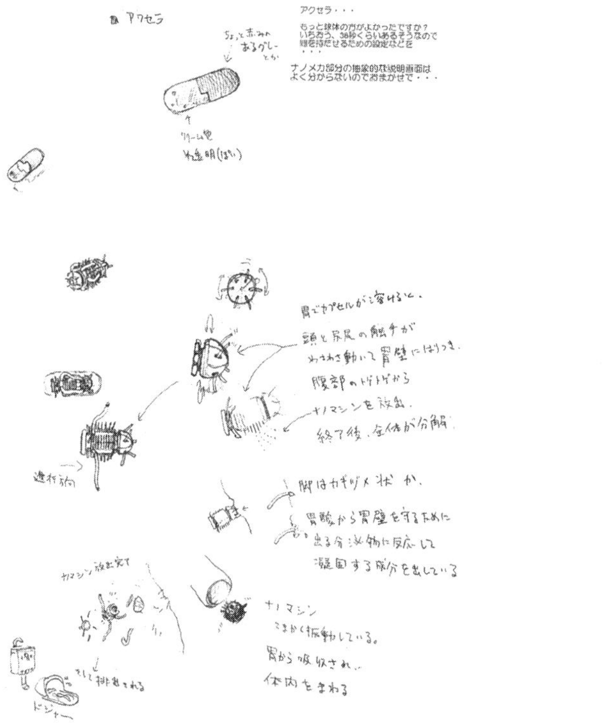

携帯navi使用例？
雑ですみません。
たぶん大きさはこのくらい・・・。

Handy NAVI design

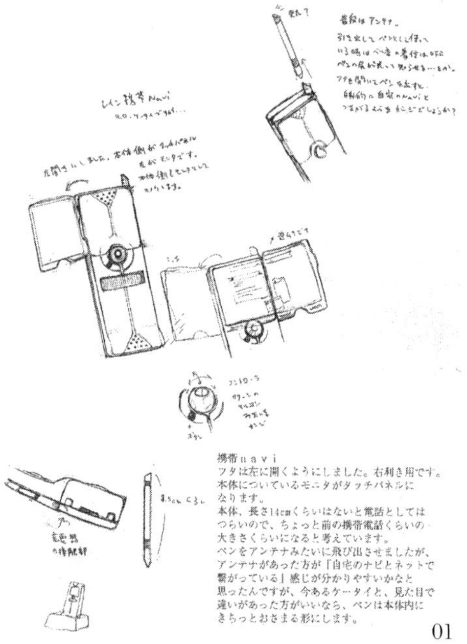

01

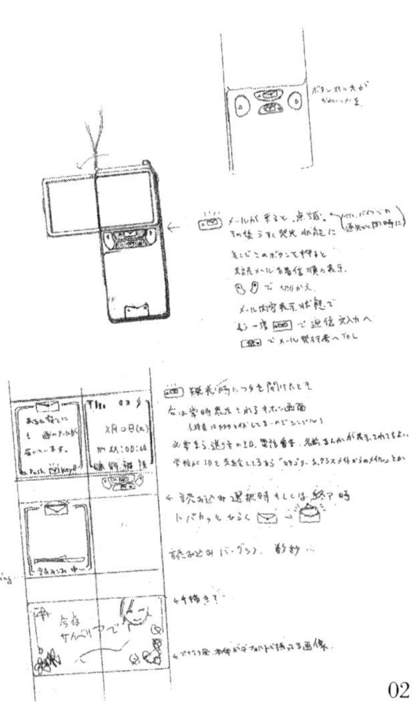

02

05

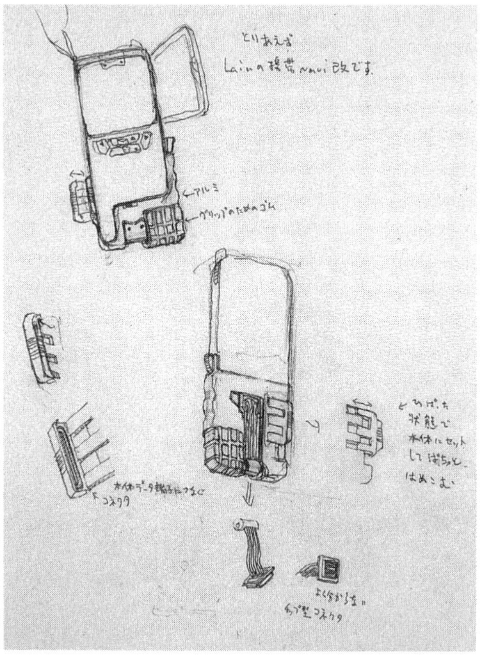

04

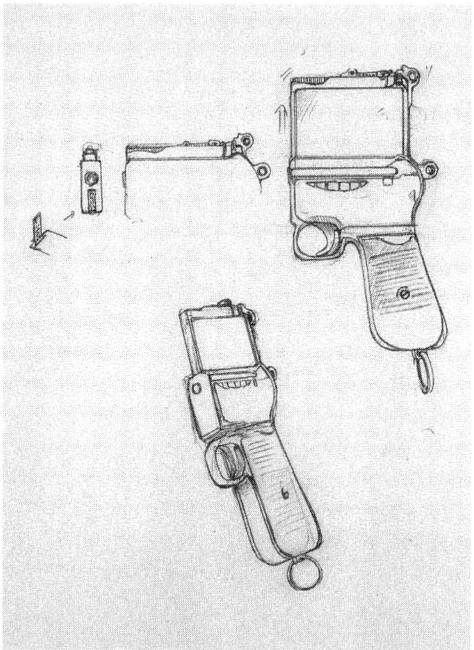

03

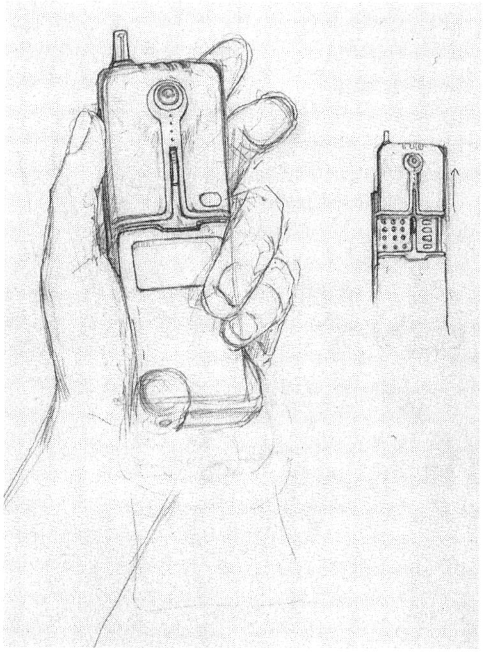

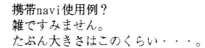

CHIBI NAVI (cos)

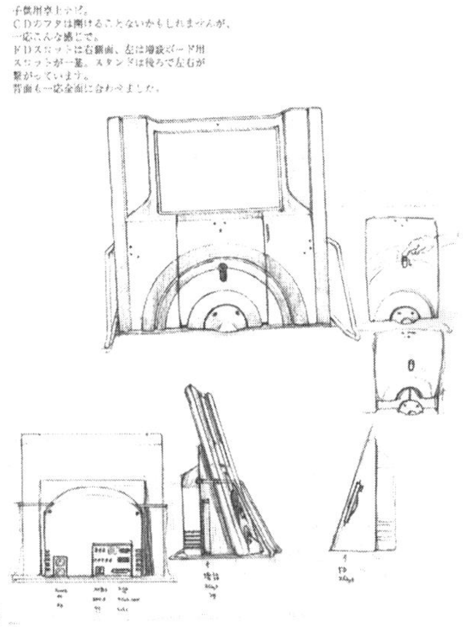

04

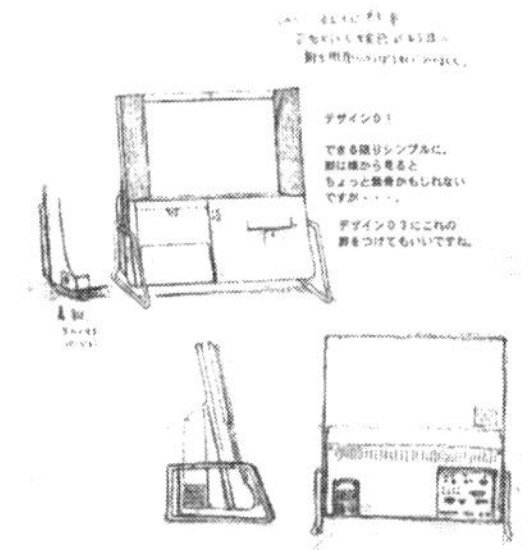

01

02

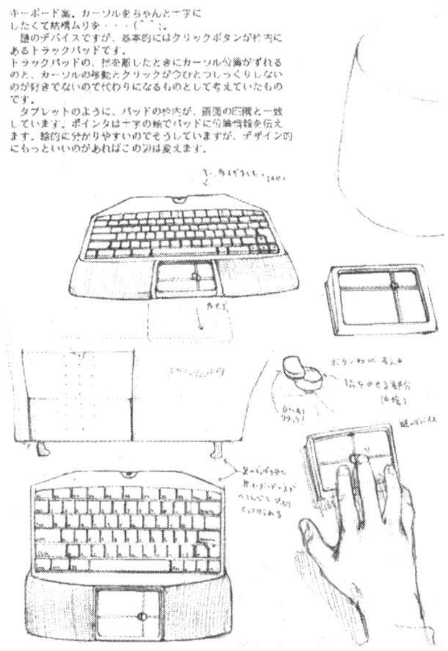

05

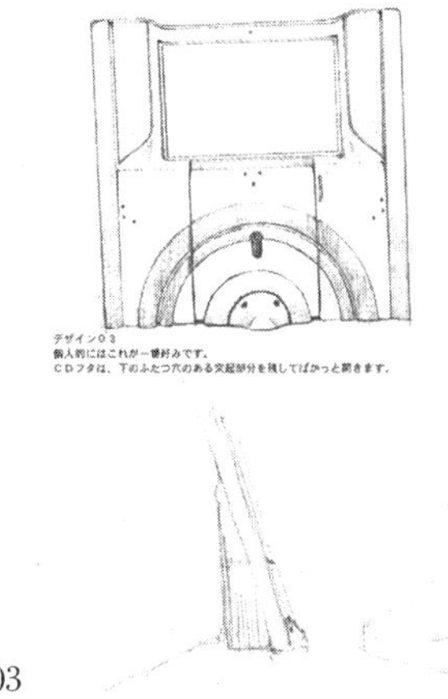

03

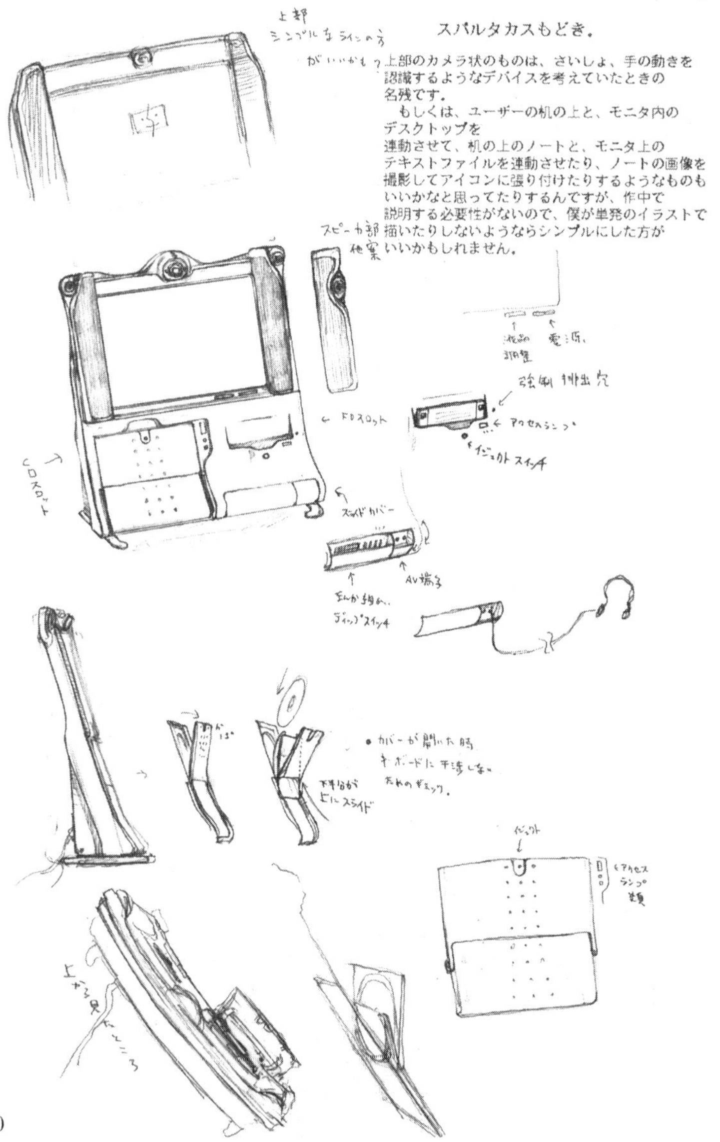

00

PAPA NAVI (Copland OS)

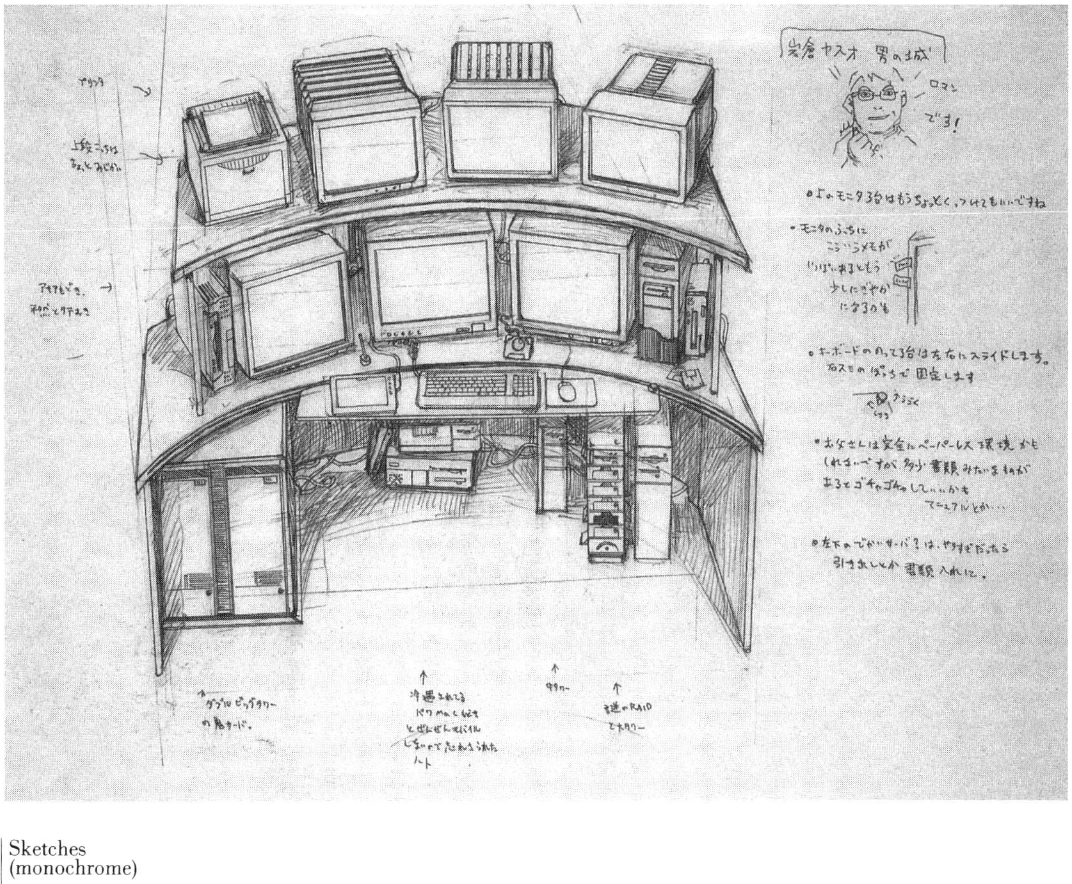

02

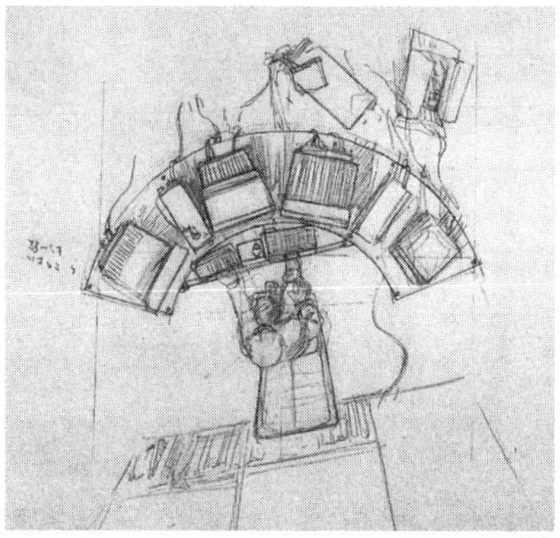

00

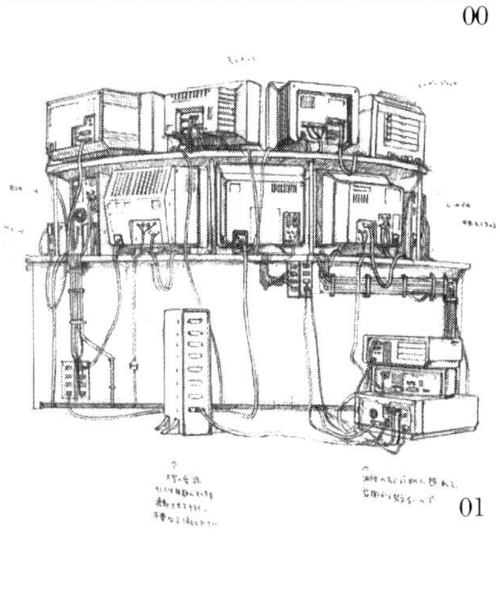

01

01

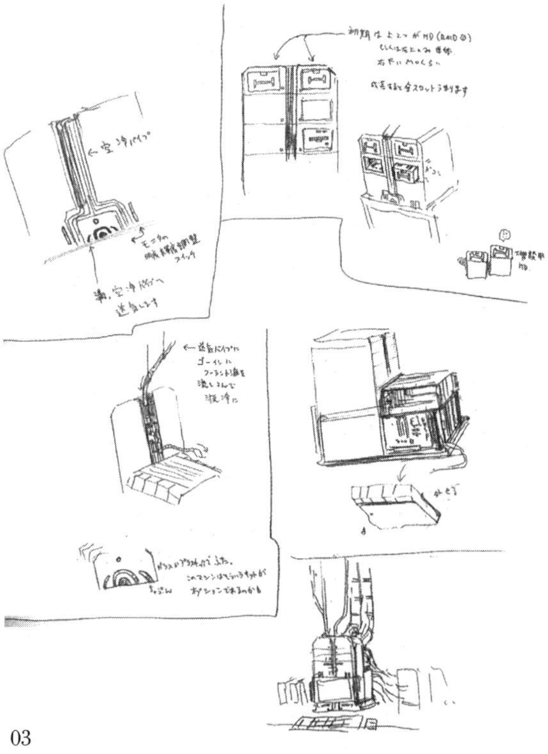

03

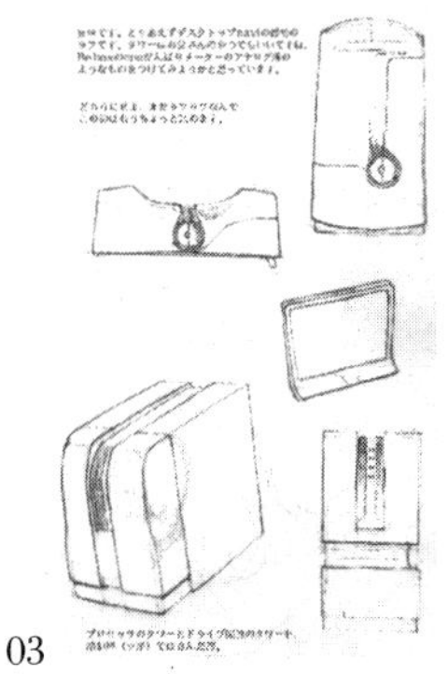

03

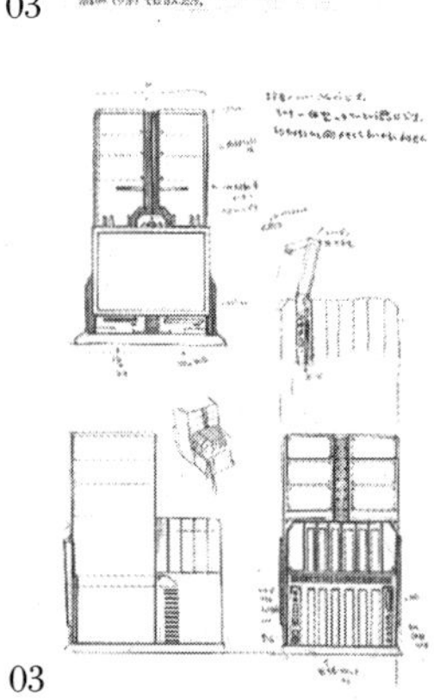

03

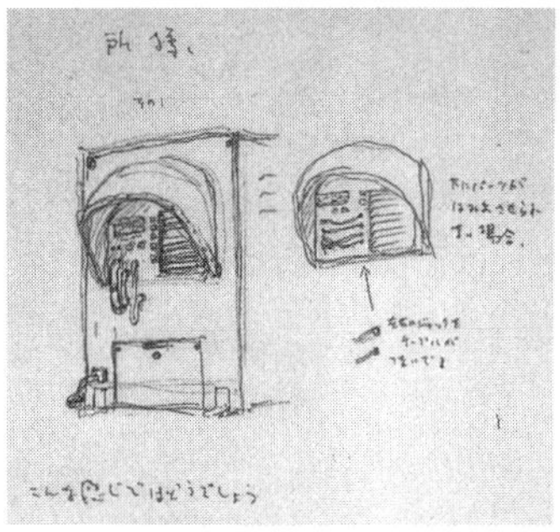

03

こういうタテモニタのマシンも
考えてたんですが…

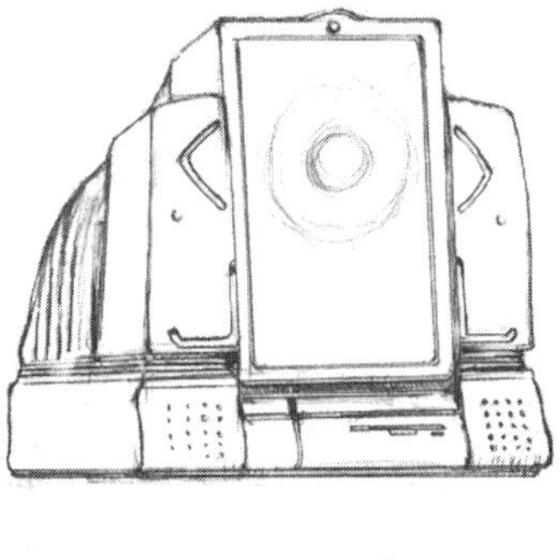

02

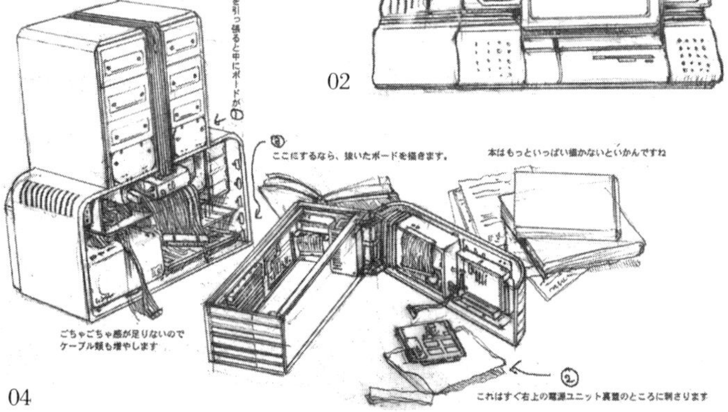

04

ぜったいダメェエエエ
ひっぱって

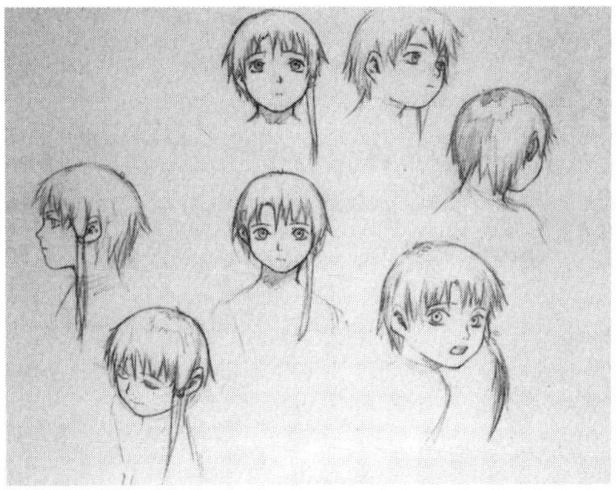

01

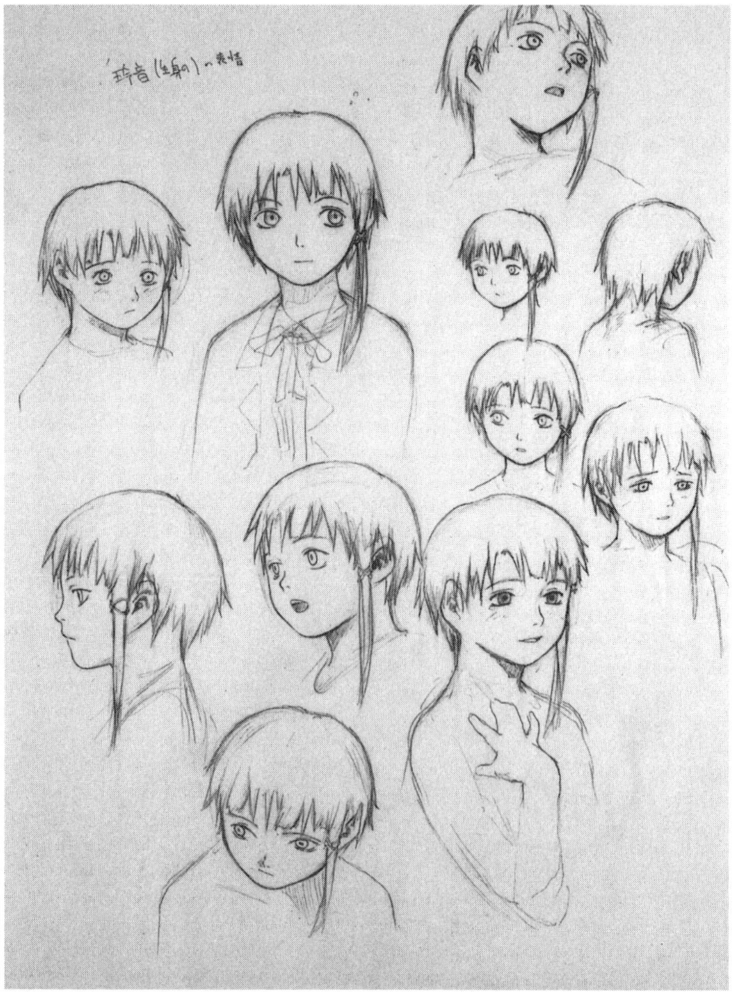
玲音（生身の）の表情

01

玲音 全身。

01

レイン 全身。
頭身 なるべく合わせ
られるようにします。

02

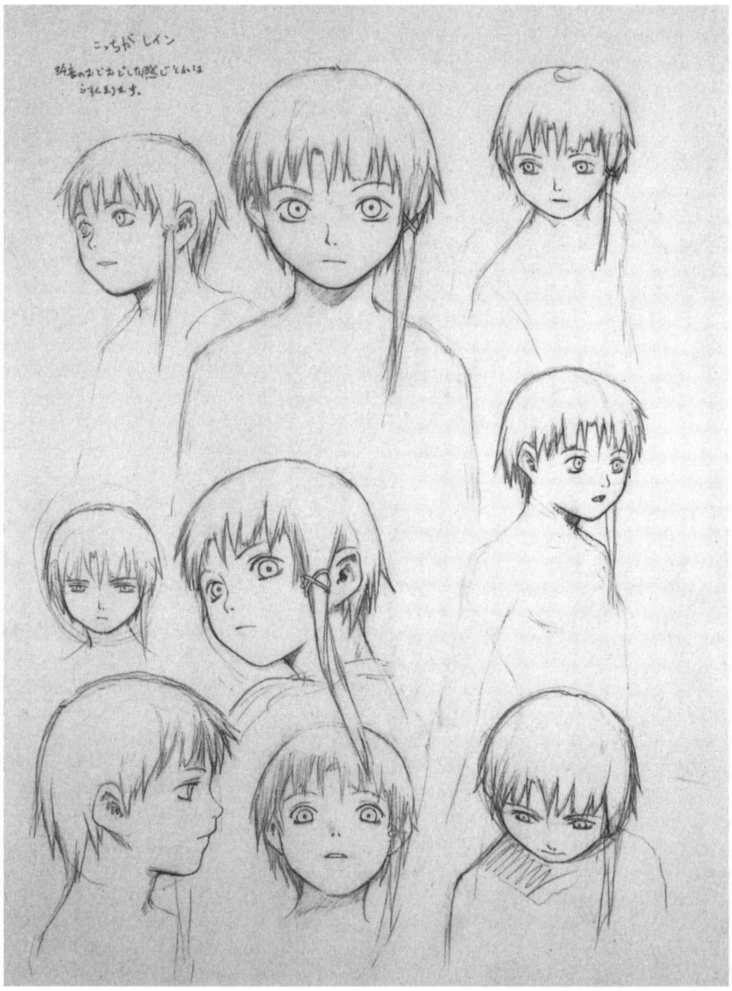
こっちが レイン
玲音のおどおどした感じとかは
うすくなります。

02

05

03

01

06

04

07
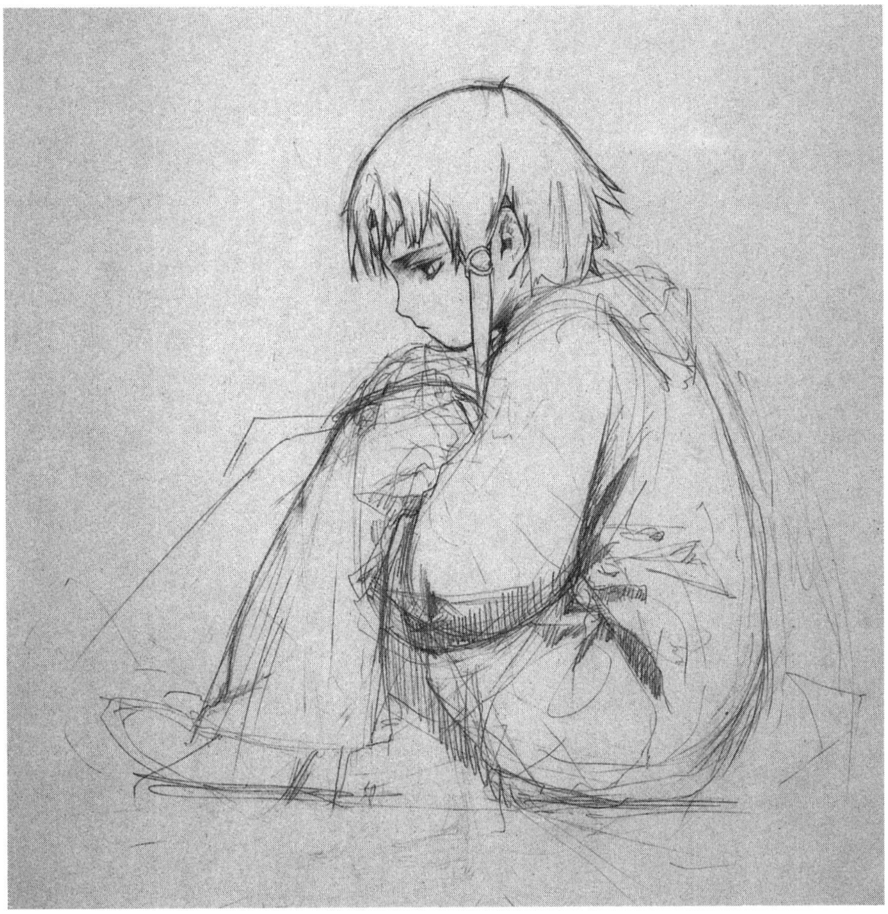

02

12

11

13

08

10

09

〈chibi・chibi〉

01

02

03

〈Looker〉

A

B

C

D

06

05

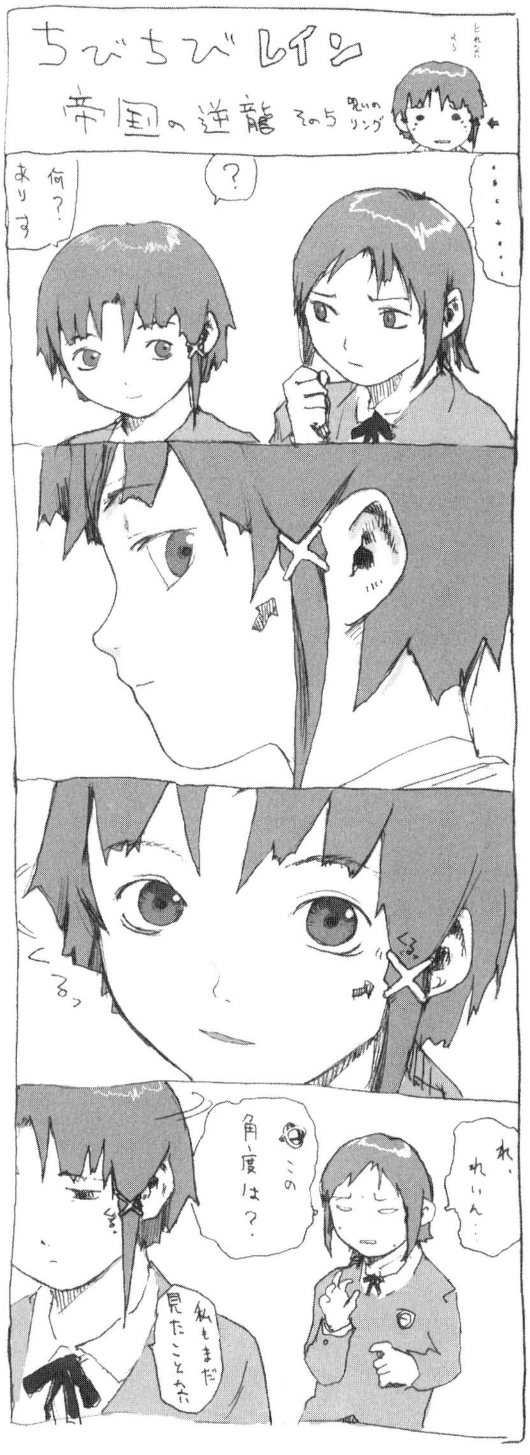

04

G(sub)

F(sub)

E

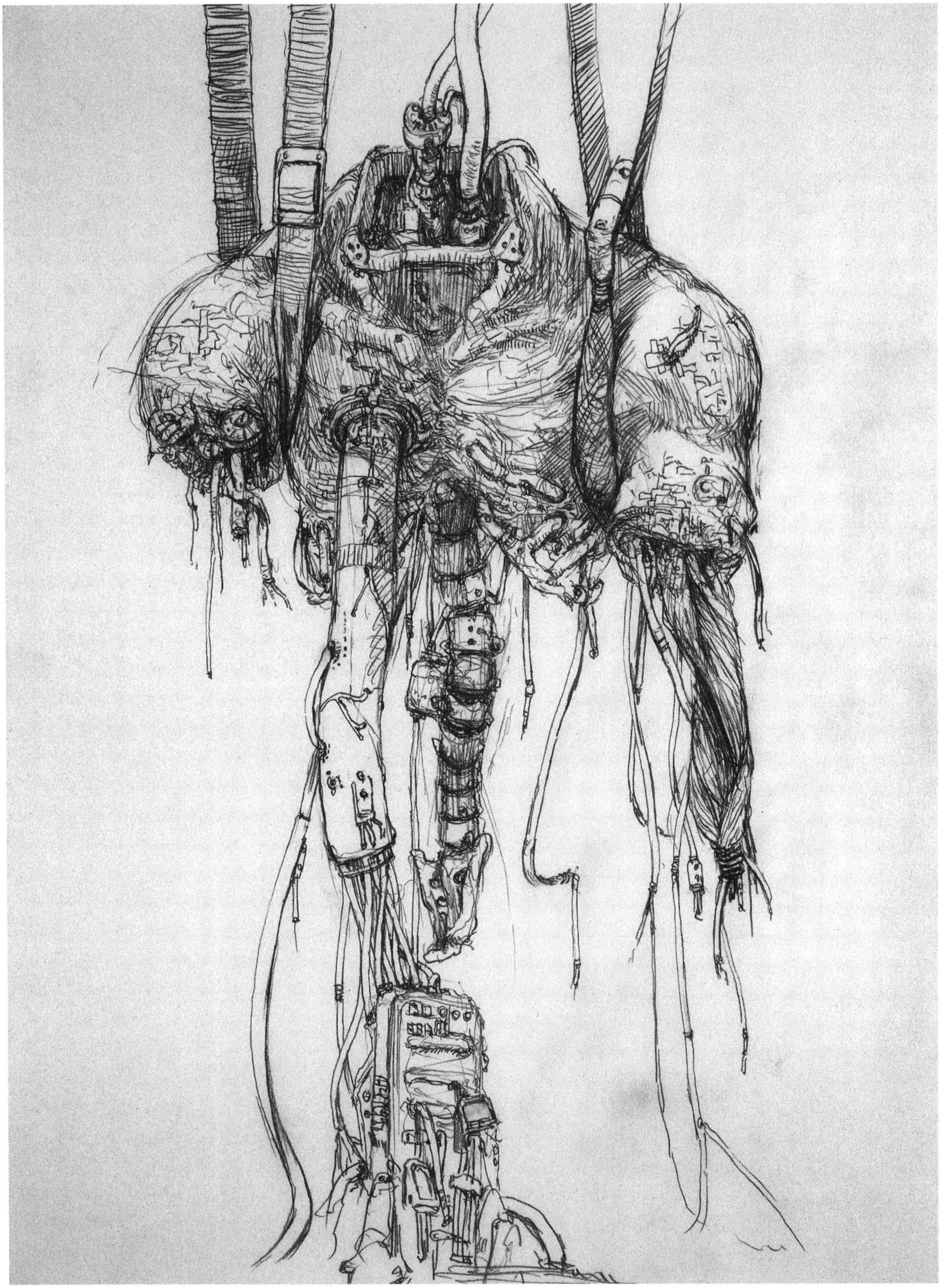

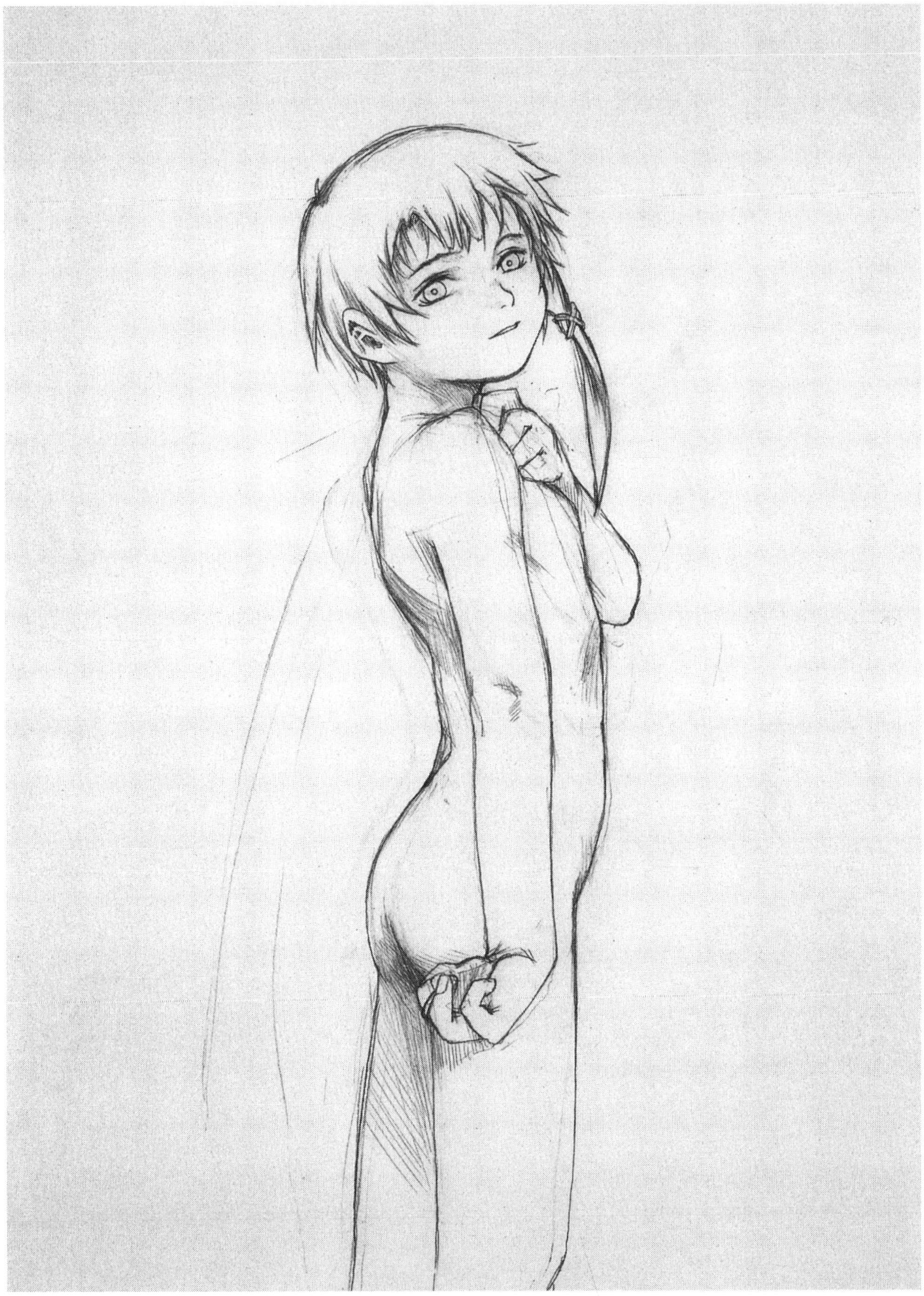

pre

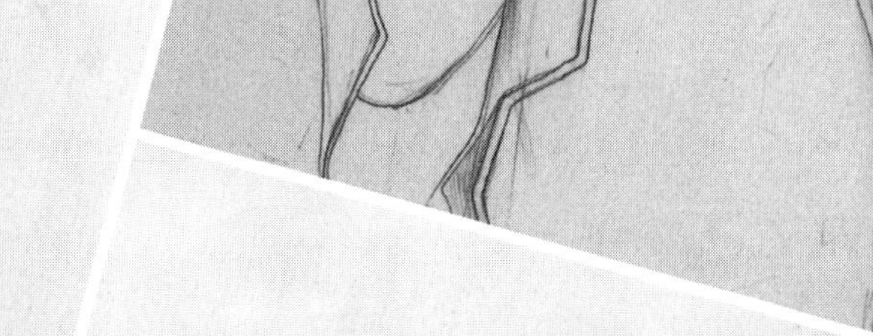

about the layers

(pre,layer01~06)

(AB with CJK)

graphic:安倍吉俊(『lain』オリジナルキャラクターデザイン)
text:小中千昭(『lain』全話脚本・シリーズ構成)

pre-layer
…AX98・4月号〈創刊号〉　98・3・10

AB：この時はAXのこのページでどんなことをやっていくのかまだ全然決まってなかったんです。「連載決まったから」と突然締め切り2日前に言われて、新創刊だからどんな雑誌でどんなコーナーになるのかもよく解らないまま慌てて作ったのがこれです。
C：この時はまだ私がテキストを書いてなかった。この後だもんね、uedaプロデューサーも含めてどういう方向性でやっていこうか話し合ったのは。確かこの頃、ueda氏とケンカ中だったんだ、原因は覚えてないけど（笑）。
AB：で、とりあえず連載予告を…ということで、例の制服のポスターなど既に描いてた素材に、新規の素材を描き足して右ページを作りました。トリミングしてコラージュ…という技巧を覚えたのはこれがきっかけだったと思います。文字を入れ込んでいく作業というのも、ここで覚えたことですね。

layer:01　Weird
…AX98・5月号　98・4・10

C：それでこれ以降、TV版の話数に沿いながら、先に進行していたゲームとの間に立つような「オリジナル」なlayerとして構成していくことになったんだよね。毎回何かのパズルや暗号に…とか、仕掛けの案は多々あったんだけど、それよりは毎回テキストの形式を違えていく形でやってくことにした。連載予告（pre）の安倍君の絵を見てても、〝コラージュ的な表現〟は『lain』のひとつの色だと思って…。それで私の方は、第1回はとりあえず『lain』ってどんなものかをカマそうと、告知の意味を込めて煽ったテキストにしたんだけど…安倍君のほうはどう？
AB：この〝坂道でこっちを見てる玲音〟という構図は、初期のポスター案の時から何度も試みていた、僕にとっての基本イメージです。
C：他であまり告知してなかったこともあって、この〝三白眼の玲音〟の印象は、外では結構強かったみたいよ。どっちかというと、玲音にとってはオプショナルな表情なんだけど。
AB：でもこの、上一段で玲音の表情が連続してるところも、結構苦労してるんですよ。なんでかこの時、トレス台を持ってるのを思い付かなくて、1コ1コ隣りに絵を置いてそれを見ながら描いてたんですよ。全部終わってから気付いたという（笑）。
C：…なんでそうかなあ（笑）。
AB：なんででしょうね。

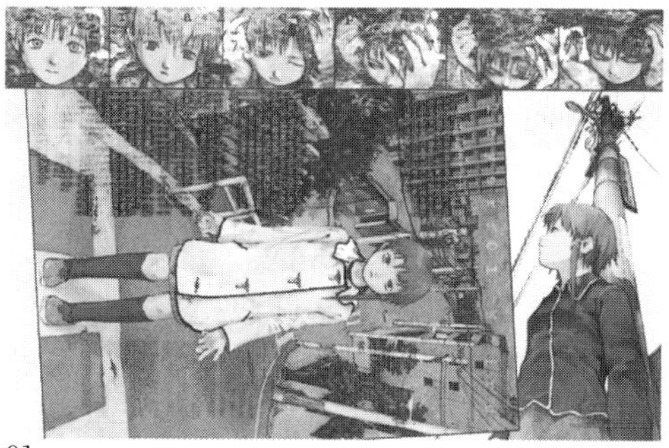

01

02

03

layer:02　Girls
…AX98・6月号　98・5・10

C：〝ガールズ〟なので、女の子をいっぱい描いてもらおうと。でもこの時期にありす達を出してもしょうがないんで、誰でもない女の子を、と安倍くんに注文して…。で、私の方は街の様々な会話を切り取る形にしました。
AB：でも僕が描くとキャピキャピにならなかったですね、黒縁の画面だったりして（笑）。連載の担当も華やかな絵を期待してたみたい。
C：でもコレ、右側の玲音なんて裸でしょ？いい表情してるし、充分充分（笑）。
AB：実はこれ、きちんと肌色で彩色した加工前のものがあるんですよ。生々しすぎたんで、表に出すのは自主規制しましたけど。
C：！…それはそれで見てみたかったな。
AB：じゃあ帰ったらメールで送っときます。それと、このシリーズはテキストも僕がフォトショップ上で加工してるせいで、一度誤植が発見されると編集部で直せなかったんですよね。確かこの時も呼び出しが…。
C：テキストの英訳も、こういう口語の時にはニュアンスを拾うのに苦労したみたい。英文は編集部の希望で入れてたんだけど…。

layer:03　Psyche
…AX98・7月号　98・6・10

C：出たね！　テキスト多いね！　特に、放映直前（注：『lain』TV版の初放映は東京98／7／6）ということもあり、かなりTV版を意識して作った回ですね。コンピュータ雑誌の紙面をイメージに作ってます。
AB：この文末の文字化けって、いまだに印刷ミスと思われる時があるらしいですよ（笑）。
C：なぜだ(笑)！　読めば解るのに…。それでこれは、中原師匠（注：『lain』ゲーム版のディレクター）も協力してます。
AB：ちょうど、TV版のために僕のラフデザインを中原さんのほうで3Dモデリングしてもらってたので、そのモデリングを見て描いたのがこのプシューケーです。
C：この液体の部分は冷却か何かの装置？
AB：なんでしょうねえ。僕に聞かれても…。
C：君だろ、考えたの（笑）。
AB：そうですね、そういえば色を決めたのも僕でした。こんなとこが液体だったら危なくてしょうがないですよね（笑）。…そうだ、温度で変わるんだ。そういうことにしましょう(笑)。でも基盤とかもえらく頑張りましたね。これはTV版の設定でも使われてます。
C：この衣装はどういう意味があるの？

04

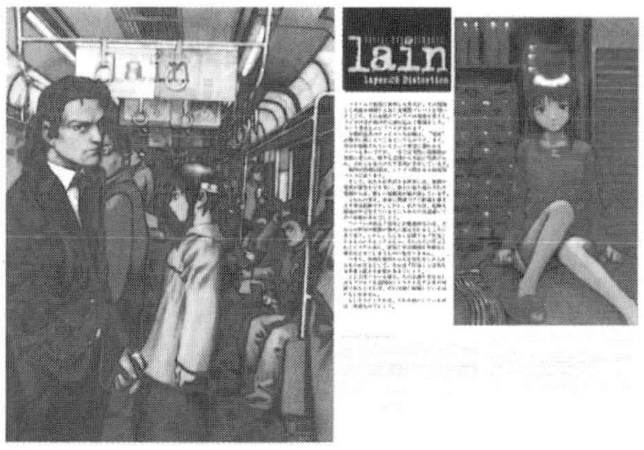

05

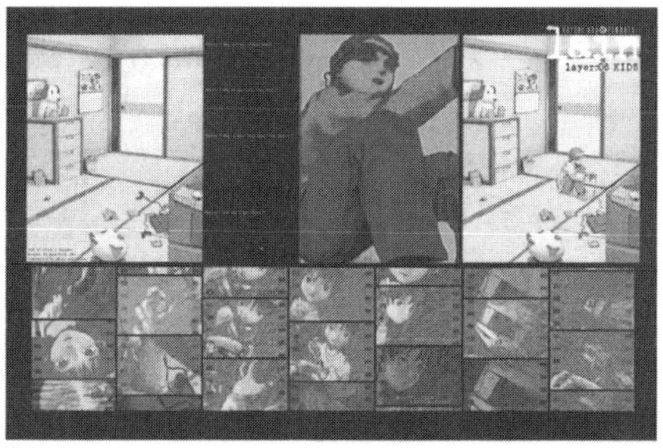

06

AB：ちょうど設定でナイツの紋章を作った頃だったから、それと合わせて〝東方算法騎士団ぽく〟しようと…。やたらベルトの類いが多いのは、たぶんゲームの方で描いていた拘束衣の名残だと思います。この絵も、衣装案や表情を、何パターンも描き直してますね。

layer:04　Religion
…AX98・8月号　98・7・10

C：この頃になると、安倍くんがどんな絵を描きたいかという希望を優先しています。TVが始まったからネタはばらせないし、放映話数との連動や兼ね合いが難しい時でしたね。それでテキストはゲーム寄りにしました。
AB：僕としてはベッドに寝てる玲音に影が落ちて誰かと対峙している…という絵が描きたい、と始めたんです。でも、TV版の設定の方でアガっていたクマパジャマに挑戦しようとしたら、かわ○そみたいになっちゃって苦戦してたところで（笑）。
C：左側の絵、顔には何が反射してるの？
AB：僕としてはその影の正体が消える時に発光したイメージだったんです。この羽根は、鉛筆書きのものを半透明で焼いたもので…。
C：でもコレ、羽根にナイツのマークが入ってるのは、なんかヤバイね！
AB：「TVの裏に羽根が!!」って、何かの事件みたいですよね（笑）。

layer:05　Distortion
…AX98・9月号　98・8・10

C：これは、このシリーズの中でも特に、作品のある面の本質を衝いてるレイヤーだよね。ちょうど放映が4話あたりで、見てる人達がどう捉えていいか迷ってる時期だったから、逆に、はっきり見せたというか。
AB：これはホントに時間が掛かりました…。電車の中の描き込みとかも細かいんです。描く着彩すると見えなくなっちゃうんだけど、前の時間も結構かけてるんですよ。テキストがこういう内容だったんで、最初はベトナム戦争の資料とかを探し回って、実際に脳にプレートを埋め込んでいる絵を描こうとしてて…。結局見付けたものの、やり過ぎかな、とか医学的にハメコミ方が正確か、とか考えちゃって、自主規制しましたけど。結果、〝みんな電波してる〟絵になったんですね。
C：右の絵もスゴイね。つまり…解釈としては、玲音の増殖NAVIの何がすごいって、ルータがいっぱいだから転送量がスゴイ、ということなのか(笑)!?　ISDNが30コあるようなものだから、通信回線が1ギガってとこか！
AB：すごい電話料金だ(笑)！　そりゃ、お

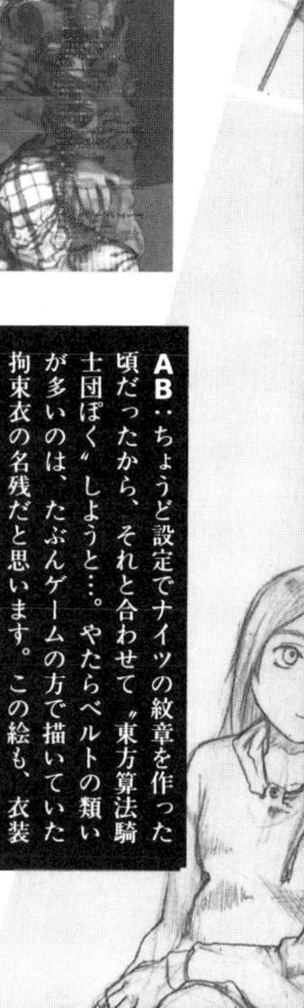

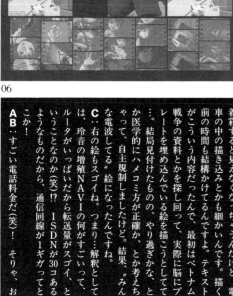

父さんも天井心配するわ、って感じですね。あと、電車の吊り広告もポイントです。何気に『NoëL』や僕の同人の画集なんかが出てるんで…『ｌａｉｎ』のロゴで隠してますが。

layer:06 Kids

…＊AX未掲載・新規描き下ろし

C：このへんからしばらくは、放映に合わせて連載では飛ばしたところ。結局これを描いたのは98年の10月ごろだっけ。それでもう、このへんの新しい部分については、安倍君の描きたい絵を優先でレイヤーを作ってますね。

AB：イメージとしては、ＴＶ版オープニングに出てくるゲームをしてる男の子。それで、画面の中から語りかける〝ｌａｉｎ〟をやりたかったんだけど…。でも、描いてるうちにコマ数がすごく増えちゃって、いったい何枚描かなきゃいけないんだ、と途方に暮れてました。

C：でも、私個人としてはそういうオンライン・ゲームとかって、いくら疑似的とはいえ単体では世界に入り込めないところがあって。ヘッドマウントディスプレイみたいなものってのは——これみたいに片目だけでも直接入ってくるタイプが出てくる気がするのね。

AB：…ですね。この回はそれら機械周りのデザインを探すのに苦労しました。ジャガーか何かのＨＭＤのハコが紫色で、それをモデルにしたのかな。コントローラのデザインとかは、プレステのデバッキングステーションあたりを。…でも、出来上がってuedaプロデューサーに見せたらパンダクッションのことしか言われなくて。こんなに描いたのに…。

C：まことくんの部屋のカレンダーは…。

AB：なんか、ドラマか何かで「鯖カレー」というのが流行ったらしいと聞いて、ちょっと描いてみました。でもあれは、鯖とカレーは一緒にしちゃいかん見本みたいでしたよ！

layer:07 Society

…＊AX未掲載・新規描き下ろし

C：これは安倍くんから「電車の中にいる玲音」と「いない玲音」というのがイメージだと受けて。そしてそれは、安倍くんなりの『ｌａｉｎ』のキービジュアルだということで…。

AB：それでこれは、ちょっと、短編映画みたいな…。電車の中にいる玲音と、もうひとつは研究所のモニター上にその電車の風景が映し出されている。

C：これは子供の作文という、だいぶ特殊なテキストになりますけど、なんだかこの、言ってることが行ったり来たりする感じのもどかしさがね、そういうイメージかなと…。

AB：これのマチエールはくしゃくしゃにしたケント紙にコーヒーと紅茶と緑茶を塗って鉛筆でぐりぐりしたものです(笑)。時間がないときはコーヒー塗るに限ります(笑)。

07

08

09

layer:08 Rumors

…＊AX未掲載・新規描き下ろし

C：この回はＴＶ版のいちばんキーの回なので、私からありすを出して欲しいと言って。でも、言ったはいいけど何にしようかと思って…結局、歌詞の形式にしました。

AB：レッド・ツェッペリンぽくしたい、でもありすも出して、と(笑)。

C：それと安倍くんもたまには人物がデカイ絵を描いて、それで勝負してみてもいいんじゃないの、という提案もあったのね。

AB：僕としては、背景にこんなに彩度の高い色を使ったのは初めてなんで、ちょっと楽しみです。ＣＤの歌詞カードがイメージなんですが、ちょっとフォントが丸すぎたかも…。

layer:09 Protocol

…＊AX未掲載・新規描き下ろし

C：これはもうさすがに文体のネタを考えあぐねて安倍くんに預けようとしたんだけど、彼もズルくて、玲音だけ描いて送ってきて。それで、プロトコルらしく、記号の羅列のテキストにしました。表面上は無意味に見えますが、実はこのテキストは、ある画像のバイナリ・ファイルをBinHexエンコードでテキスト符号化したもので——って、これをいちいち書き出す人がいるのか(笑)!?

AB：でも僕は、初期のパソコンの時代から、雑誌を片手にプログラムを打ち込んでたクチだから、こういうのは懐かしいですね。

C：そうそう、私はやってないんだけど、その頃は簡単なパソコンゲームひとつやるのにも、世のマイコン少年たちは、雑誌片手に一字一句違わず打ち込んでたんだってね。安倍くんが若いのにそういう経験があるってのは特殊だけど、どうやら聞いてくと『ｌａｉｎ』スタッフには共通の原体験らしいんだよね。

AB：そう、その頃はソフトなんて普通に売ってないですから、打ち込むしかないんです。だから僕、いまだに右手だけでキーを打つ癖がついちゃって…。しかもその小学生の頃は、僕は自分で絵が描けなかったんです。それに曲線もないから、絵のうまい子にラップに描いてもらって、それをモニタに貼り付けて矢印のキーで描線をなぞる…いわゆる「サランラップスキャン」なんかもやってましたよ。

C：すごいね、それは…。

layer:10 Love

…＊AX未掲載・新規描き下ろし

C：これは「ラブ」といっても、つがい。ゲームの登場人物も含め、いろんなカップル、ペアを描く、と安倍くんが言ってたもので。それでいてどっちかっていうとクレイジーなラブというのが、私のほうのイメージだね。

AB：柊子さんとかはこれらのレイヤーには出てなかったんで、ここらでちょっとこのシリーズの中間的な立場を取り戻してみました。

11

12

13

layer:11 Infornography

…AX98・10月号　98・9・10

C：出ましたね！

AB：目指せケーブル10万本！…でも実際には、中原さんを始めとした『ｌａｉｎ』スタッフに煽られたりなだめられたりして、8万本で手を打とうということにはなりましたけど。

C：そういう問題か(笑)？　しかしよく描いたよね…。この画集で掲載してるけど、原画はもっとみっちりコードが見えて迫力です！

AB：もともとこれは分裂病の患者の人の絵があって、そういうふうにしようかと思ってたんですけど、なんだか気が付いてみたら資料を見るまでもなくそうなってたという、自分にとっては皮肉な…(笑)。部屋のパースもきちんと取ってたのに、コードで隠れてドーム状に見えちゃうんです。

C：ほんとすごいんだよこれ。見ると所々に髑髏があったり、全部死んだ人物だったり…。でも、個人的には、千砂ちゃんとかを描いてもらえたのも嬉しかったです。

layer:12 Landscape

…＊AX未掲載・新規描き下ろし

AB：これは、実は背景が99年2月の大学院の修了製作で…。本物は１５０号（２３０㎝×１８０㎝）の日本画です。

C：勝手なイメージだけど、私にとってはこの日本語テキストって、ほんとに一日見た時の自分の感想なのね。強く、本来的なリアルさで…絵の中にいる人が、というより、絵を見てる自分が閉じこめられてる気がして…。

AB：ああ、それは描いてる時の精神状態もあるのかな。これは自分の部屋のベランダからの眺めなんですけど、実際、広角レンズでも撮れないパースで…無意識にやったものだからすごく不安定な気分が反映されてますね。外にも出なくて煮詰まってる時期でした…。

layer:13 Ego

…AX98・11月号　98・10・10

C：ＴＶ放映終了直後に発表したレイヤーです。これはシナリオ本の脚注でも描いたとおり、どうしても図柄にしたかったシーンで。

about the layers

(layer07〜13,00)

前に中村監督からも『ｌａｉｎ』の小説化を勧められたことがあって、それは出来ないなと思ってたんですが、こういう抜粋形式なら可能だなと思って。

AB：僕としては、小中さんの脚本を読んだ時点でシーンが絵としてイメージ出来ていたので、それを改めて絵に起こすのは新鮮で楽しい作業でした。

C：放映では登場しなかったマドレーヌが出てくるんだけど、それがまさに私が思い描いていたとおりのマドレーヌだったのが嬉しかったね。聞くと、こういう丸いのと貝殻の形と、一般的にはふたつが有名らしいんだけど。

AB：あ、そうなんですか。でも、僕がシナリオを読んだ時にパッと浮かんだのも、こっちのマドレーヌでした…。

layer:00 Program

…AX 98・12月号　98・11・10

C：そしてAXの連載の最後ということで…。発売近い（注：98年11月末）ゲームと繋ごうという狙いです。そもそもPS版が先行だったので「00」と。中原師匠に協力を仰いで、PS版のプログラムの一部を拝借させてもらった。このスラッシュ（／）の後のコメント行というのは、コンピュータが読まない、プログラマーのためのメモなのね。それが私としては興味深くて。中原氏には掲載時に変えてと言われてたんだけど、「世界の中心」とか「座標定義」とかはもとのままです。

AB：これはたぶん、このシリーズの中でいちばん重い画像データですね。背景の部分で非常にたくさんのレイヤーを重ねているので、まとめてもかなり大きい。統合せず展開したらこの絵は1ギガを超えると思います。で、ｐｒｅと同じくインターフェイスの玲音だけど、冷静で突き放してるのに、暖かさを感じる構図や目線を考えるのに奮闘しました。

about all the layers

C：というわけでレイヤー全体を通して…私からすると、この連載シリーズは『ｌａｉｎ』のあるべき姿のひとつだと思ってます。プロジェクトの企画最初期には、この作品の場合、映像化というより、デジタルコンテンツとしての成立が最も自然じゃないかと考えてたこともあったから。

AB：そういう意味で、テキストもビジュアルも実験していけたのは面白かったですね。

C：テキストは、フォントの部分もこだわり続けてた。結局、文字がインターフェイスとしてどう見えるかということには、割り付け方も関係してくるわけで、私なりに結構口出しをしてました。

AB：僕のほうで特に思っていたのは、やっぱりウマイ絵といい絵は違うな、と。いろいろやっていく中、裏打ちされた技術がない絵もダメだけど、挑戦するもののない絵というのは、画面に緊張感がなくなるんじゃないかと思って頑張ってました。

C：あと、忙しい中ではあったけど、放映前から月イチの連載でやっていたわけだから、リアルタイムの気分がフィードバックされていて、ある意味『ｌａｉｎ』にとってのクロニクル（年代記）的な味わいもあると思う。そこにはコラージュという『ｌａｉｎ』らしい表現もあるけど、予告から00へと繋がる流れもある。最終的には、01のころの〝三白眼〟では、世界のこちら側にはいるけど隔絶している感じがするのに、00では世界は向こう側にいるけど存在自体は遠くない、というところもね――少女の肉体性を立てて閉じていくというとこも、『ｌａｉｎ』の世界に適ってるなと思います。

10

00

about all of the illustrations

colour

lif.

「私は遍在する――」

この画集のタイトルにもなっていますが、玲音というキャラクターをつくったとき最初にそんな言葉が浮かんだのを思い出し、lif.に分類される一連の絵のトータルコンセプトとして使いました。

時間的にも空間的にも『遍在』という意味を出すため、玲音の年齢は11～14歳くらいの幅を持たせ、場面も、一部物語と同期させましたが各巻の繋がりは無くしました。

ビデオとLD、長方形と正方形のどちらでも使えるように画面を構成せねばならず、ずいぶん苦労しました。

実在感のある背景が、これらの絵の重要なポイントなのだけれど、パッケージとしてはキャラが大きく入るようにトリミングせねばならず、苦労して描いた背景を毎回ばっさり切られてずいぶん歯痒い思いをしました。こうしてオリジナルを発表する機会があって良かったと思っています。

CD

ギターの絵は上田プロデューサーの強い希望（というか超ゴリ押し(笑)）でロバート・ジョンソンのアルバムをモチーフにしています。とはいえ小柄な玲音が大人と同じ姿勢でギターが弾けるはずもなく、ポーズを決めるのに膨大な時間を費やすハメになりました。上田さんからは資料画像やらロバジョン解説メールやら、果ては手描きのポーズ図解まで送られてくるし、『キーが違う』『ギターの角度が違う』など、妙にチェックも厳しく、ギターも非常に面倒で、白バックだから楽だと思ったら大間違いでした。

サイベリアミックスのキーボードも上田さんのリクエスト。資料探しに2週間近くかかりました。楽器関係は全く不案内なので、ウソがないよう資料固めに時間がかかります。よく考えたらBOOTLEGのシチュエーションも上田案ですね。

なんにせよ、サントラの絵に関しては物語を意識しないことにしたので、玲音の衣装や表情もずいぶん遊びが入ってます。

Hair cut

関係者の間で〝髪切り玲音〟と呼ばれていたもの。

左(02)はかなり初期のもの。ポスター案のひとつだったのですが、他社の広告とかぶったのでお蔵入り。その後、陽の目を見る機会は何度かあったのですが、見直したらアラが目立ってイヤになってしまい、顔の一部だけトリミングして他の絵に使いました。

右(04)は1年半ほどして、改めて描き直したもの。

髪留めに関しては、悪い電波を塞ぐおまじないという設定なのですが、実際インディアンのどこかの部族でこういう魔除けがあるらしいです。全くの偶然ですが。

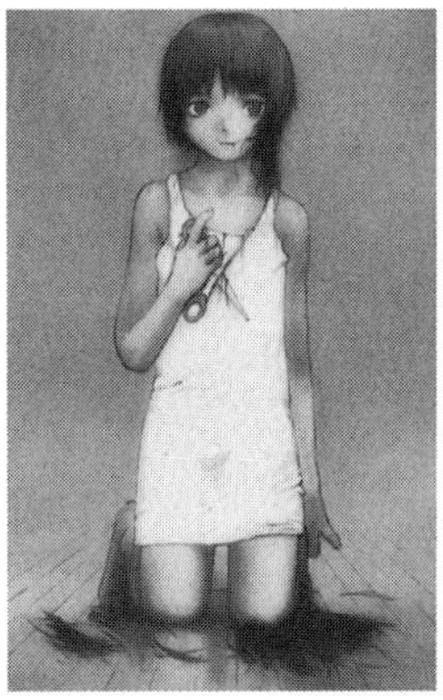

Poster

56－57はもっとも初期のイメージボードのようなもの。まだ『レイン』の英語での表記が決まっていなかった頃です。特に設定もないままイメージだけで描いたヒト型機械が、後のPS版のプロゲノテス（お父さん）の原型になりました。

58－59は実際に使われたポスターの未加工版。特にPS版のポスターは微妙なグレーが印刷でうまく出ずにずいぶん苦労したようです。

僕の絵は主線がグレースケールなのでセルのようにきれいに切り取ることができず、レイアウトを切り直すのが困難だったため、これ以降の絵はキャラと背景をレイヤー分けするようになりました。

Cover

「ザ・プレイステーション」の表紙はlif.03の別案。色まで塗って完成させたものの、ＬＤ用の正方形のレイアウトが上手くできずお蔵入りしていたもので、陽の目を見る機会があって良かった。

「Win Graphic」の表紙はキャラだけ提供するはずが、結局背景までやってしまいました。腕時計は小中さん作のＣＯＳ腕時計をスキャナで取り込んで加工したもの。よく見ると秒針がぶれてます(笑)。

『scenario experiments lain』表紙は5色分解で、特色のピンクが非常に上手く効果になっています。画集の方は普通の4色分解なので、比べてみるのも一興。

Cover of this book

『遍在』というタイトルの関係から、絵の組み立てそのものはlif.シリーズの延長上にある。

当初は、本全体にレイヤー的な要素を持たせよう、と考えていて、表紙にトレペのカバーをつけ、透明ケースに入れることで何か奥行きのある仕掛けを作るつもりだったのですが、カバーにできる厚みのあるトレペでは下の絵がほとんど透けなかったり、箱の中で絵がずれてしまう可能性があったり、コストが掛かり過ぎることもあって、トレペのカバーは断念しました。

色的に少し地味だったかと反省しています。

Bike/Animal sticker

ビケちゃんはＰＳ版の玲音のお気に入りのぬいぐるみ。64p左上2点は「電撃プレイステーション」用のポスター。モノクロは華がないということでボツ。右上はわりと古いものですが、この本に載せた漫画のイメージの元になっています。

動物シールは文化庁メディア芸術祭受賞記念。授賞式までに印刷して会場にこっそり貼って来るつもりだったのですが、印刷が間に合わず…。

weather break

言わずとしれた(笑)ウェザーブレイクシリーズ。

インターネット上で次週のネタをあてるトトカルチョまで開かれたりしました。

こうして並べると結構ボツネタがありますね。かわ○そは、ウェザーブレイクブレイクの次にやろうかと思いましたが思いとどまりました。

デフォルメキャラとかはあまり描かないので、いろんな意味で芸の幅を広げてくれた気がします(笑)。

lain's diary(Lda)

ちゃんとキャラをつくったのに友君を描き損ねました。美里ちゃんは描いたけど、本当に実在していたのか玲音の妄想の産物なのか曖昧なキャラでした。

日記も最初の頃は出力サイズで書いていました。まさか１６０×１２０ピクセルまで縮小されるとは…。

tohko's diary(Tda)

もう少し枚数をこなさなければいけませんでしたね。丈志は下絵が何点かあったのですが…。柊子の留学時代も余裕があったら描いてみたかった。いちばん残念なのは高島教授を描きそびれたこと(笑)。

Game・others(colour)

今見返してみると、色まで付けたのに使い損ねている絵が結構ありますね。アニメには出てこないのに美里の色指定までしていたり(汗)。

ＰＳ版の制服は基本６パターンの他に各パーツをレイヤー分けして好みの色が付けられる着せ替え玲音までつくったのに、あっさり基本パターン２でＯＫが出てしまい、がっくりきた記憶があります。

comic (special issue)

これだけの長さの漫画を描くのは実に数年ぶり、カラーは試験的なものばかりだったので、まともなカラー漫画は初めての試みです。

ＤＣ１０２９という副題は、ＰＳ版の存在しないムービーデータに由来します。

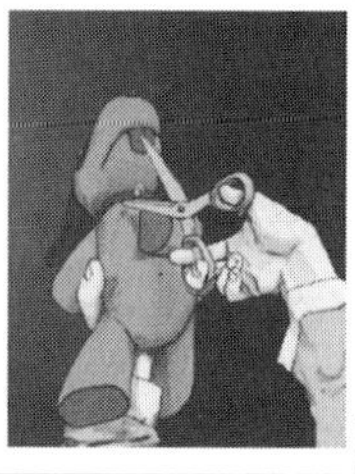

about all of the illustrations

monochrome

age

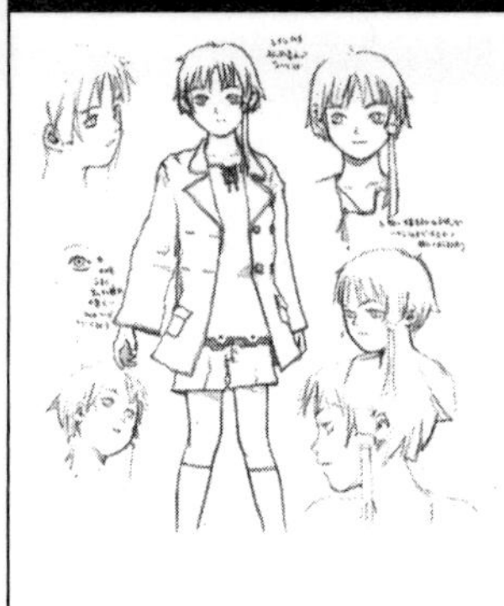

玲音キャラ案、初期案と最初の決定稿です。

このころの絵はどこか不安定で今の自分の目で見るとアラばかりが見えて片端から描き直したくなります。それでもいい表情、いい眼というのはあって、絵は技術だけじゃないんだなと改めて思ったりします。

※初期キャラ原案のための
年齢設定ほか７点……………………………98

hair style

時期はまちまち。顔だけの絵は、大きな絵を描く前の筆慣らしや、イメージをまとめるためのたたき台ですね。

※初期キャラ原案のための
髪形設定・および"髪切り"等７点 ………099

lain OS interface

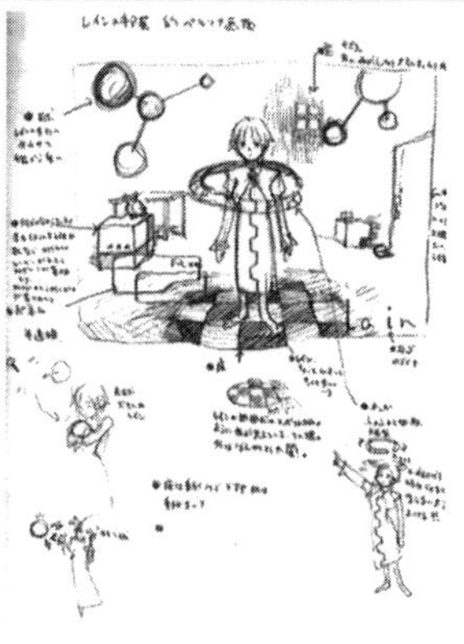

ＰＳ版ゲーム画面案。初期は浮かんだボールにリンクが貼られ、クリックするとそこへ飛ぶ、というようなものや、ランダムなキー操作でランダムに画像を再生する環境ソフトのようなものまでいろいろでした。

これはボールの代わりにキューブを使ったもの。ＰＳ版ディレクター中原さんの『キューブは見てくれがゲームっぽい』という意見により一蹴されました。

ゲーム画面なのに…。

※PSゲーム版『lain』
起動画面案４点 ……………………………100-101

persona

ペルソナの衣装のデザインはとにかく苦労しました。ＰＳのドットに直せる範囲のディテールで、何系にも振らないデザインという発注で、ずいぶん大量のボツをだしました。

最終的には、かわいいナビゲータとそこで再生されるデータの暗さのギャップを埋めるための衣装、という形でまとまりました。手を動かしているときは羽衣の様な上着や後ろのリボン、袖などの曲線的なデザインが全面に出て、かわいらしく静かにしているときは上着もリボンもまっすぐ下ろした腕に隠れて直線的なデザインが全面に出るように工夫しました。

※PSゲーム版『lain』起動画面
仮想人格・ペルソナれいん
ポーズ／表情　８点 ………………100-101
衣装案　10点 ……………………………100-101

characters for PS game

各キャラとも、基本的に現実にあってもおかしくない範囲でデザインしていたのですが、あまりに地味すぎたため、アニメーターさんの方で、それをたたき台にちょっとずつディテールを手直ししていただきました。玲音の髪の赤みも当初より強くなり、柊子さんの髪型も、ボリュームがだいぶ増しています。牧野や銃で撃たれてしまう中年男もだいぶ変わりました。

01　企画書などに添付された初期の
作品イメージイラスト ……………………102
02　柊子／基本設定　および
カウンセリングイメージ …………………102
03・04　美里・友くん／基本設定……………103
05　銃の女子高生と殺される中年男 ………103

for TV.CM

初めてテレビCMが始まった頃、３パターンほどバージョンを作る予定で、そのうちのひとつを試験的に作ってみたもの。

暗すぎるのと、15秒にしては詰め込みすぎだったこと、アニメーション部分をどうするのか、など問題があり、結局流れてしまいましたが、いろいろいい勉強になりました。

※CMコンテ＆
描きかけ・全身６点………………………102-103

about all of the illustrations

for "an omnipresence"

characters for TV animation

3話までのシナリオが届いた時点で、メインキャラ何点かの簡単なデザインをしました。この段階では玲音の家族が偽物とは書かれていなかったので、美香は素直に玲音の姉っぽく見えるデザインにしています。同級生もこの時点ではあそこまで重要キャラになるとは思わなかったので、簡単なたたき台用のラフのみで止めています。

一番きっちり描いたのはキッズの3人なのですが、『キッズ』という名称と『小学生3人連れ』という形容のせいでミューミューも少年だと思い込んで描いてしまいました。キャラそのものはわりと気に入っているのですが、そんなわけで岸田さんのミューミューを見たときは驚愕しました(笑)。

mechanics for TV

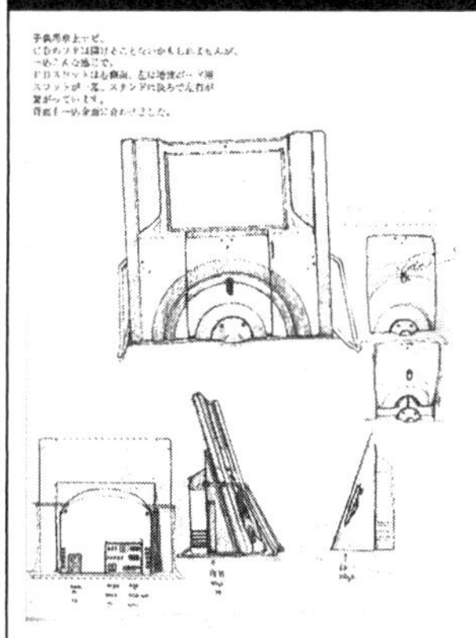

機械類はあまり描いたことがなかったので、いい勉強になりました。

最初はいかにも有りものっぽいのがイヤでひとつひとつのデザインに、変に主張を入れてしまい、ずいぶんボツを出しました。

携帯ナビなど、普通の携帯と差別化を出そうと必死になりましたが、むしろ一見普通の携帯に見えた方が物語の空気に自然になじむんだなと分かってからはだいぶ力みが取れました。玲音の部屋はめいっぱい力んでいますが(笑)。この辺りでスケジュールが破綻して、NAVI設定としてところともかずさんに入っていただきました。

face

ラフもいいとこですが(汗)、中にはきちんと完成した他のイラストのたたき台になったものも混じっています。どのラフがどの絵のたたき台だったか想像してみるのも面白いかもしれません。

chibichibi…/Looker

ちびちび玲音は、PS版の作業が煮詰まっていた頃、突発的に描いて周囲にFAXしてしまった謎の4コマ。まさかビデオのライナーに載ることになろうとは…。

「Looker」のカットは、小中さんのコラムの挿し絵なので『lain』に限るわけではなかったのですが、時期的に『lain』に関するものが多かったので、収録しました。

他の絵もそうですが、毎度数枚の完成ボツ原稿を出しています。なんて燃費の悪い…。

naked

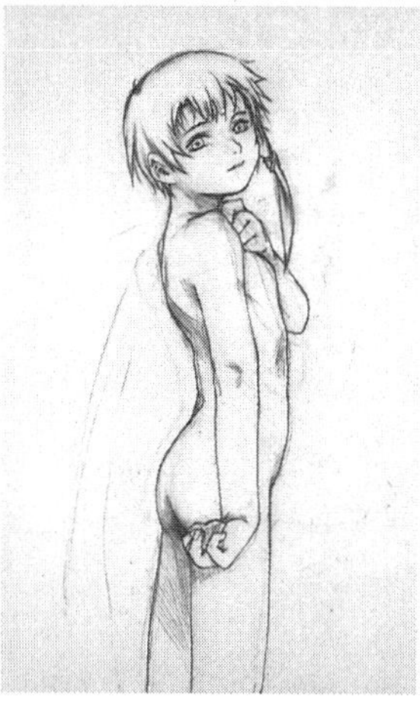

基本的に体のラインをある程度とってから服を描くので、単に描きかけの絵という話もあります。

最近どうも二の腕を太く描く癖が…。

an omnipresence.

これでようやく終わりです。お楽しみいただけたなら幸いです。

ひたすら手が遅く、周囲に迷惑ばかりかけた気もしますが、とにかく忙しくも充実した2年間でした。

どれも経験のない仕事ばかりで、一枚一枚の絵から確実に学ぶべき事を学ばなければ先へ進めないと自分に言い聞かせて画面に向かっていました。手を抜くことも気を抜くことも許されないと思うと、勢い、量より質に比重が傾いてしまうのですが、『lain』という作品は常に自分に可能な最良の仕事を求めていたし、その要求に応えたいと思える作品でした。『lain』で一緒に仕事をすることができたすべての人に感謝です。

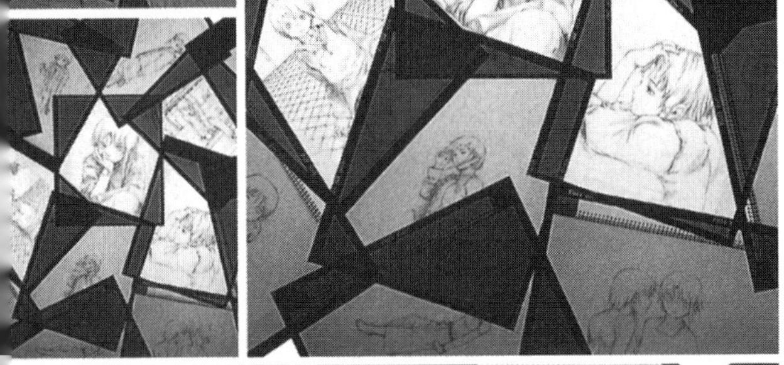

an
omnipresence.

serial experiments lain

the series

FILM (LD&VIDEO&DVD)

「serial experiments lain」
lif.01———¥5,500(+tax)
・layer:01　WEIRD
・layer:02　GIRLS
lif.02———¥6,800(+tax)
・layer:03　PSYCHE
・layer:04　RELIGION
・layer:05　DISTORTION
lif.03———¥6,800(+tax)
・layer:06　KIDS
・layer:07　SOCIETY
・layer:08　RUMORS
lif.04———¥6,800(+tax)
・layer:09　PROTOCOL
・layer:10　LOVE
・layer:11　INFORNOGRAPHY
lif.05———¥5,500(+tax)
・layer:12　LANDSCAPE
・layer:13　EGO
発売元・パイオニアLDC
©1998 Triangle Staff/PIONEER LDC

GAME SOFT (for Play Station)

「serial experiments lain」———¥5800(+tax)
発売元・パイオニアLDC
©1998 SR-12W/PIONEER LDC

SOUND

CD-Single
・オープニングテーマ:『DUVET』／BOA
PSDR-5310　¥903(+tax)
ポリスターレコード
・エンディングテーマ:『遠い叫び』／仲井戸 〝CHABO〟 麗市
TODT-5175　¥971(+tax)
東芝EMI
CD-Album
・サウンドトラック
『serial experiments lain sound track』
PICA-1178　¥2,913(+tax)
パイオニアLDC
・サウンドトラック
『serial experiments lain sound track/cyberia mix』
PICA-1179　¥2,700(+tax)
パイオニアLDC
CD(with CD-ROM)
『serial experiments lain BOOTLEG』
PICA-1185　¥5,800(+tax)
パイオニアLDC
©1998 Triangle Staff/PIONEER LDC

SCENARIO

「scenario experiments lain the series」———¥850(+tax)
シナリオエクスペリメンツ　レイン
本文・脚注／小中千昭
ソニー・マガジンズ／新書判／340p
©Chiaki J. Konaka
©1998 Triangle Staff/PIONEER LDC

MOOK

「visual experiments lain」———¥1,600(+tax)
ビジュアルエクスペリメンツ　レイン
ソニー・マガジンズ／A4ワイド判／80p／オールカラー
©1998 Triangle Staff/PIONEER LDC

ILLUSTRATIONS

『an omnipresence in wired』———¥3,980(+tax)
安倍吉俊・画集
ソニー・マガジンズ／A4ワイド判／128p／プラケース入り
©yoshitoshi ABe
©1998 Triangle Staff/PIONEER LDC
©1998 SR-12W/PIONEER LDC

※上記の商品情報は、1999年当時のものです。

History of yoshitoshi ABe

1971年生まれ・B型。月刊マンガ誌「アフタヌーン」(講談社)にて商業デビュー。『lain』では設定のオリジナルデザインやカバーイラストを担当し、月刊アニメ誌「AX」にて脚本家・小中千昭とビジュアル＋テキストの実験的連載を行った。緻密なCGが売りだがハードに恵まれず、小中氏より「人生初期不良」の称号を授かる。この本で同人以来久々に描き下ろしたマンガにも期待が高まる。このたび、晴れて東京芸大・日本画の修士課程を卒業。

一般年表

93	04	大学入学
	06	パソ通を始める。CGを描き始める 当時は640×400、16色
94	05	同人活動開始
	08	「アフタヌーン」四季賞を受賞
95		
96	01	インターネットでHPを開設
	05	CD-ROM画集『古街』を発表
	11	『lain』の企画の話がくる
97	02	院試に受かる。『lain』に本格的に参加する
	03	大学卒
	04	大学院入学
	06	SS版ゲーム『バッケンローダー』イメージイラストの依頼がくる
98	03	「ＡＸ」の『lain』の連載開始
	07	『lain』TV版放映開始
	11	『lain』PS版ゲーム発売
99	03	大学院卒
	04	『lain』画集のための描きおろし終了

壊れ物年表

90	05	PC-9801 DA購入。FDDのBドライブ(当時はそんなものがあった) が10万回転前後で破損する初期ロット不良品であることが後に判明する。
91 92		パソコンに縁のない時代
93	08	ニフティのCGフェスティバルで賞をもらう。賞品はSONYの14インチモニタ。 テレビが映るので重宝する。
	08	ニフティのOFF会で初めてMacを見せてもらう。PC-9801の16色やWindows3.1とのあまりの性能差に愕然としてMacを買うことを決意。でもよりによってApple最大の不人気マシン、伝説のMacIIviを購入。
94	06	MO購入。フロッピー100枚分という容量にほくほくして片っ端からバックアップをとる。HDDのデータをあらかた消してしまってから、初期不良品で所々データが破損していることに気付くが後の祭り。
	08	8月3日の誕生日に秋葉で中古のMAG17インチモニタを買う。相場より2万ほど安かったのだがいきなり壊れる。修理代2万………。
	09	QUADRA840AV購入。PowerPCに移行する直前のモデルで、FDドライブがコスト削減のため指で押し込まなければ読み込まれないタイプになったにもかかわらず本体カバーが古い、指が入るくぼみがないタイプで途方に暮れる。
	10	今まで使っていたワコムのタブレットのペン先が壊れたが、ペンだけの単体販売は1ヶ月かかるといわれ、仕方なく新しいタブレットを買うが、もういきなりペンが壊れている。返品受け付けられず、さらにもう1枚買う。
	12	Quadra840AVをPPC8100／80AVにアップグレード。最速マシン自慢をしようとするがアップルジャパンの対応が遅れに遅れ、マシンが手元に来るやいなや8100／100が発表される。
95	06	Jazドライブ購入。知人と同時購入だが僕の方だけ壊れている。一緒に買った1枚1万もするメディア3枚も、そのうち2枚が不良。さんざん交渉して交換してもらう。本体は海外版で保証がなかったので返品もできず、騙し騙し使う。
	07	MOが本格的に壊れる。 秋葉で2万のMOを見つけて買い換えるが、これまた不良品くさい。
96	04	攻略本のイラストの仕事でアスキー編集部に行く。 サンプル画面を見せてもらおうと、マウスに触れた瞬間、1パーテーション分のマシンの電源がすべて落ちる。 大事な入稿前にJazが完全に壊れる。
	07	修理の暇がないので泣く泣く新品ドライブを買うが初期不良品。メディアを入れた途端、怪音を発してハングアップ、メディアがイジェクトできないので、慌てて電源を切り、強制排出させたところ、メディアと一緒にヘッドの一部も飛び出してきた。事情を話したが秋葉某店は返品に応じてくれず、時間がなく、諦めてもう1台新品を買う。
	08	PM7600／120購入。 秋葉某店で32Mを4本取り付けを頼んだのだが、後日さらに増設するため蓋を開けたところ32Mが2本と16Mが4本刺さっていた。当然スロットが足らずせっかく買ったメモリを無駄にすることに。抗議しようと秋葉に行ったが店はなくなっていた………。
	12	2倍速CD-R購入。SONY製。 珍しく壊れていないが、繋いだ途端、他のSCSI機器がどかんどかん飛ぶ。
	??	MD-2300購入。初期不良品。 電源を入れた途端、怪音を発し、よくわからないエラーメッセージを出して動作停止。メーカーに問い合わせると「それは絶対起きるはずのない故障なのですが…」といいながらも返品に応じてくれる。
	??	SONYの14インチモニタが寿命を終える。 NECの15インチモニタ購入。初期不良品。 電源を入れたところ、スイッチが物理的に壊れていて手を離すと電源が落ちてしまう。 スイッチを練り消しとセロテープで固定するがカッコ悪いので返品。
97	08	パワーザウルス購入。初期不良品。 外装のゴムの接着が弱く、ぼろぼろ剝がれてきてしまう。シャープが返品を認めていたにもかかわらず、販売店で拒否される。他にバックアップを取るとデータを消失するバグがあったがROMアップデートで対応。
	10	Totokuの21インチモニタ購入。初期不良品。 電源を入れたところ、画面左上1／4ほどが水色に変色している。歪みもひどい。買った店に問い合わせるが逃げの一手。仕方なくメーカーに問い合わせたところ翌日の夕方には代換機を送ってくれた。
	12	2倍速CD-Rがにわかに不調。 YAMAHAの4倍速CD-Rを買うが、初期不良。 電源入れた途端、怪音を発して死亡。 店で交渉するが返金はうけつけず、代替機は品切れ、同価格の他社製品と交換できないか、クリスマスの晩に池袋ビッグカメラ店員とギスギスした口論をする。結局2日かかってLogitechのCD-Rと交換。
	??	不良品くさかったMOがやはり壊れる。 230MのMOが安くなっていたので購入。初期不良。 メディアを入れただけでマシンがハングする。 こちらのマシンが原因の可能性もあり、とりあえず保留。
98	09	中古のPM6100／60を1万円で買う。 6万くらいかけていろいろ手を加えて、やっと動くようになったところでマザーボードが寿命で壊れる。
	10	NEC15インチモニタ、死亡。
	12	Apple Studio Display 15インチ液晶を購入。 液晶落ち1ヶ所、あたかも死兆星の如し。 なぜか時々スイッチがすべて死んで電源を切ることもできなくなるが、原因不明。

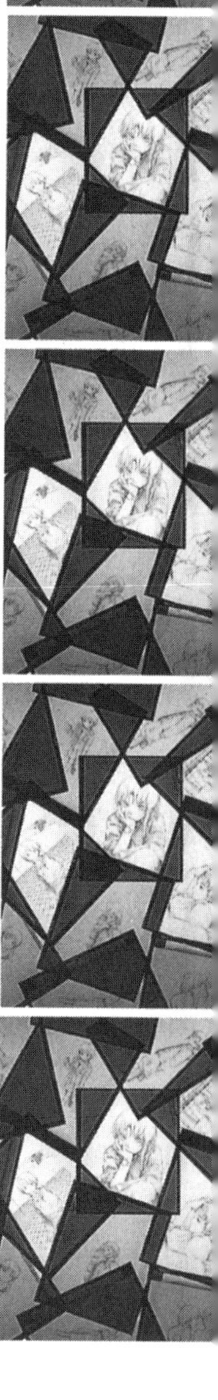

an omnipresence in wired

『lain』安倍吉俊 画集 オムニプレゼンス［復刻版］

all illustrations

安倍吉俊

yoshitoshi ABe

text of the layers

小中千昭

chiaki j. konaka

2018年 9月28日 初版発行

2025年 5月23日 5刷発行

発行者

岩本利明

発行

株式会社 復刊ドットコム

〒141-8204 東京都品川区上大崎3-1-1 目黒セントラルスクエア

03-6776-7890(代)　https://www.fukkan.com/

印刷

三松堂株式会社

Printed in Japan

ISBN978-4-8354-5613-3 C0076

2018・復刻版 staff :

企画・プロデュース

森 遊机

（復刊ドットコム）

スーパーバイザー

上田耕行

（NBCユニバーサル・エンターテイメント）

コーディネーション協力

潮平彩樹

（同）

アディショナルデザイン

土井敦史

（天華堂noNPolicy）

復刊協力

NBCユニバーサル・エンターテイメントジャパン合同会社

株式会社 エムオン・エンタテインメント

1999・オリジナル版 staff :

（オリジナル版刊行当時の表記に準じております）

producer/editor: 本田あきら Acura Honda（"AX"・AEon）

editorial assistant: 本間学 Manabu Homma（AEon）

translator: 松本章子 Akiko Matsumoto

proof readers: キャシー・フィッシュマン Cathy Fishman　スコット・シフレル Scott Shifrel

Photographer: 丸山尚 Hisashi Maruyama

art director/designer: 土井敦史 Atsushi Doi（BANANA GROVE STUDIO）

Special Thanks to

Mr.nakaji & "Looker"（Gakken）/Ms.tanaka & "Win graphic"（MdN）/
Mr.nagai & "The Play Station"（Softbank）/junji nakahara/hideo ibaragi（SMG）/
takehisa koeda（Toppan printing）/takashi mine（shoubi-art）/hide.t//
Triangle Staff（takashi hirokawa）/PIONEER LDC（ueda yasuyuki・mie ide）

1999年5月20日 初版発行／発行 株式会社 ソニー・マガジンズ

本書は、1999年に株式会社ソニー・マガジンズより刊行された同題の画集を、良好なコンディションの原本を底本として復刻したものです。
最新の印刷技術により、可能な限り原本に忠実に制作いたしましたが、20年の歳月を経ての［復刻版］であるため、
色合い・紙質などに若干の差異がありますことと、原本の外装プラケースが今回付属いたしませんことを、何卒ご了承下さい。